REIHE ZEITGUT

Unvergessene Ferienzeit

Erinnerungen an Sommerfrische, Urlaub
und Freizeit
1923–1962

AF287077

REIHE ZEITGUT

Unvergessene Ferienzeit

Band 1

32 Erinnerungen an Sommerfrische, Urlaub und Freizeit 1923–1962

Ausgewählt aus Zeitgut-Bänden

Herausgegeben von Jürgen Kleindienst
& Ingrid Hantke

Zeitgut Verlag

Umschlagbild: Renate Mahlberg und ihr Kinderfreund Heinz Schmitz im Juli 1957 in Bad Münstereifel, Nordrhein-Westfalen.
Foto: Familienalbum Renate Mahlberg, Kommern.

Die im Buch veröffentlichten Abbildungen und Dokumente stammen aus dem Privatbesitz der Verfasserinnen und Verfasser sowie aus folgenden Quellen: Hans Braun, Bünde, S.8; Sammlung Heinz Csallner, Frankfurt/ Main, S.37; Hiltrud Klüß, Tornesch, S.31, 32; Landesarchiv Berlin S.60; Zeitgut-Archiv S.10, 95.

Bibliografische Information Der Deutschen Bibliothek
Die Deutsche Bibliothek verzeichnet diese Publikation in der Deutschen Nationalbibliografie; detaillierte bibliografische Daten sind im Internet über http://dnb.ddb.de abrufbar.

© 2005 by Zeitgut Verlag GmbH, Berlin (zuvor JKL Publikationen)
2. Auflage 2013
Zeitgut Verlag GmbH
Klausenpaß 14, 12107 Berlin
Telefon 030 - 7 02 09 30, Telefax 030 - 70209322
E-Mail: info@zeitgut.de
Herausgeber: Jürgen Kleindienst & Ingrid Hantke
Gesamtredaktion, Textauswahl und Zusammenstellung: Ingrid Hantke
Umschlaggestaltung: Maria Herrlich, Berlin
Druck: GGP Media GmbH, Pößneck
Printed in Germany
ISBN 3-86614-102-5

www.zeitgut.de

Inhalt

Aus grauer Städte Mauern
ziehn wir durch Wald und Feld,
wer bleibt, der mag versauern,
wir fahren in die Welt.

Halli, hallo, wir fahren,
wir fahren in die Welt.

Der Wald ist unsre Liebe,
der Himmel unser Zelt,
ob heiter oder trübe,
wir fahren in die Welt.

Die Sommervögel ziehen
schon über Wald und Feld.
Da heißt es Abschied nehmen,
wir fahren in die Welt.

(Hans Riedel, Hermann Löns)

Bilder einer siebentägigen Rheinreise der Kraftverkehrsgesellschaft Zwickau in Sachsen im Juni 1933. Mit 32 Teilnehmern, Reiseführer und Fahrer ging es in eleganter Reisekleidung auf die Fahrt.
Für das Foto der Rückansicht posiert die jüngste Teilnehmerin zwischen den schweren Ersatzreifen des sechsrädrigen Busses.

Vorbemerkungen

„Wir reisen nicht nur an andere Orte, sondern vor allem reisen wir in andere Verfassungen der eigenen Seele", sagte Werner Bergengrün. Bereits die kleinste Reise scheint das zu bestätigen. Und schon die Vorfreude auf die freien Tage versetzt uns in ein Hochgefühl, das sich steigert, je näher sie rücken. Ob man einen Ausflug in die nähere Umgebung macht, endlich die Verwandten besucht oder eine Reise in die große weite Welt antritt, immer ist die Veränderung das Wichtige. So unterschiedlich die Vorstellungen und Ansprüche an Ferien und Urlaub sein mögen, stets ist es der Reiz des anderen, der uns begeistert und Jahre später noch lebhaft erinnern läßt.

Davon erzählen die kleinen Geschichten dieses Buches. Sie schildern keine spektakulären Reisen, sondern kleine private Ferienerlebnisse, durch die das Zeitgeschehen hindurchschimmert. Und weil die Jahrzehnte damals in Deutschland schwierige und arme Zeiten waren, sind die Erlebnisse häufig vom Geldmangel geprägt. Doch wer sagt denn, daß Reisefreuden vom hohen Aufwand und von weiten Strecken abhängig sind, die zurückgelegt werden?

Gerade jetzt kann der Blick zurück hilfreich sein – und wenn er nur hilft, uns unseren Wohlstand vor Augen zu führen und unser Glück, in Frieden leben zu können.

Ingrid Hantke und Jürgen Kleindienst
Mai 2005 / März 2013

[Berlin – Teupitz, Brandenburg;
Juli 1923]

Liselotte Haak

Ein unvergeßlicher Sommer

In den Zwanziger Jahren sagte man nicht wie heute „wir fahren in Urlaub" oder „wir machen Ferien", nein, die wohlbetuchten Leute fuhren in die „Sommerfrische", reisten zur Erholung in den Harz, in die Heide, an den Nord- oder Ostseestrand. Auslandsurlaube kannten wir damals noch nicht. So wollte auch mein Stiefvater, der Großkaufmann Max Hübner, mit seiner Frau und zwei Kindern in die Mark Brandenburg an den Teupitzer See fahren. Die Pension, südlich von Berlin gelegen, hatte ihm unser Kaufmann Zickelbein empfohlen, der dort am Wochenende angelte. Zur Entlastung der Hausfrau heuerte man ein Kindermädchen an. Trude Nentwich, 16 Jahre alt, war uns wohlbekannt, weil sie wie wir in der Cotheniusstraße 1 im Stadtbezirk Prenzlauer Berg wohnte. Sie hatte ein Gesicht wie eine bösartige Bulldogge, mein Bruder und ich mochten sie überhaupt nicht leiden.

Mitte Juli 1924 war es soweit. Fein angezogen stand ich am Fenster und hielt nach der Taxe Ausschau, die uns zum Anhalter Bahnhof bringen sollte. Meine Eltern hatten mir bei Wertheim neue Kleidung gekauft. Ich trug ein zartrosa Voile-Kleid, ein hellgraues Wollmäntelchen mit blauen Patten an Ärmeln und Taschen und dazu ein rosa Strohhütchen mit Rosenknospen, das abscheulich drückte.

An die Eisenbahnfahrt nach Teupitz kann ich mich nicht mehr erinnern, wohl aber an unsere Ankunft dort. Am Ein-

gang eines weißen Lattenzaunes empfing uns die Pensions-
wirtin, Frau Kammholz, eine hagere Frau mit braunem In-
dianergesicht. Zu meiner großen Freude wurde sie von einem silbergrauen Spitz begleitet. Der bellte zwar zunächst,
aber das schreckte mich nicht. Schon damals liebte ich Hunde über alles. Der kleine Junge, der neben ihr stand, interes-
sierte mich weniger, obwohl sie zu ihm sagte: „Siehst du,
Klausi, nun kriegst du endlich Spielgefährten."
    Er war fast fünf Jahre alt, also beinahe so alt wie ich.
    Wir wurden in unsere Sommerwohnung geführt, die aus
zwei Zimmern und einer Küche bestand. Eine Ferienwoh-
nung war damals etwas sehr Ausgefallenes und entsprechend
teuer. Mein Stiefvater wollte vermutlich nicht gern auf die
exzellenten Kochkünste seiner Frau verzichten. Gleich am
zweiten Tag hatte er für uns drei Kinder einen großen Berg
Spielsand anfahren lassen. Klausi bekam genau wie wir das
passende Sandspielzeug dazu, ebenso Bälle, Holztiere und
Schiffchen. Am liebsten aber spielte ich mit den Hunden, außer Hauderle gab es noch einen lieben Jagdhund. Er hieß
Hektor und folgte mir auf Schritt und Tritt. Er durfte sogar
mit in unsere Höhle. Das war ein kreisrundes Gartenfleck-
chen, von dichtem Buschwerk umgeben. Durch den Eingang
mußte man auf allen Vieren kriechen. Hier waren wir den
Blicken der Erwachsenen entzogen. Klausi hatte aus der
Küche allerlei Geräte entwendet, alte Kannen, Tassen ohne
Henkel, Siebe und Schöpflöffel, mit denen wir Familie spielten. Wir konnten uns ganz gut alleine beschäftigen.
    Von unserer „Perle" Trude hatten wir nichts, denn sie ver-
schwand schon nach ein paar Tagen in Richtung Heimat,
weil es ihr hier nicht gefiel. Aber auf dem nachfolgenden Foto
ist sie noch zu sehen. Sie steht ganz links außen neben dem
Dienstmädchen der Pension. Der große Herr ist ein Kunst-
maler, begleitet von seiner Mutter und seiner Tante. Dann
folgen die beiden Lehrerinnen, die eine, Frau Lejeune, im
Liegestuhl sitzend. Das junge Mädchen rechts außen ist die

hübsche Haustochter Annemarie, auf die meine Mutter überaus eifersüchtig wurde. In der zweiten Reihe stehe ich mit Haarschleife neben meiner Mutter, zwei Freundinnen der Frau Kammholz und einer Hausdame. Ganz vorn sitzen mein Stiefvater mit meinem Bruder Erich, der Spitz „Hauderle" und die Wirtin mit Klausi. Sie war eine Kriegerwitwe.

Wir lernten die Pensionsgäste beim Kaffeetrinken im Garten und an der langen Abendtafel kennen. Besonders die beiden Lehrerinnen unterhielten sich oft mit mir. Die eine wunderte sich, daß ich noch keine Sonnenblumen kannte und versprach mir, eine Sonnenblumen-Ansichtskarte nach Berlin zu schicken. Ich habe vergeblich darauf gewartet.

Wir genossen die wundervollen Wochen. Tag für Tag strahlte die Sonne vom Himmel herab, Regenwetter gab es nicht.

Zur Sommerfrische fuhren wir 1923 in die Mark Brandenburg und wohnten in einer Pension am Teupitzer See, südlich von Berlin. Für mich als Großstadtkind war es aufregend und abenteuerlich, von so viel Natur umgeben zu sein. Es waren die schönsten Ferien meiner Kindheit – wenn auch mit einem bitteren Ende.

Häufig fuhren alle Gäste gemeinsam mit einem Pferdewagen zur Badeanstalt. Es machte mir riesigen Spaß, neben dem Kutscher vorn auf dem Bock zu sitzen und die Pferdepopos zu beobachten. Und dann das Baden! Die Damen trugen alle schwarze Badeanzüge mit Röckchen, die Herren Badehosen bis zum Knie. Meine Mama hatte eine ballonförmige Bademütze aus Gummi auf. Das Wasser war herrlich warm, und ich machte meine ersten Schwimmversuche.

Einmal nahmen mich mein Stiefvater und Herr Zickelbein zum Angeln mit. Ich sollte die Fische von den Haken lösen und in einen Wassereimer werfen. Aber das empfand ich als schreckliche Tierquälerei und weigerte mich. Immerhin konnten wir vom Kahn aus eine Reiherkolonie am andern Ufer beobachten.

An eine Nacht erinnere ich mich mit Grauen. Meine Eltern waren abends mit Bekannten zum Segeln gefahren und hatten uns Kinder alleingelassen. Wir durften ausnahmsweise in den Ehebetten schlafen. Erich und ich wurden mitten in der Nacht von einem schrecklichen Gewittersturm geweckt. Der Donner krachte, und der Regen klatschte heftig an die Fensterscheiben. Wir weinten entsetzlich, aber niemand hörte uns. Ich wußte schon, wie schnell Segelboote umschlagen können und wähnte meine Eltern bereits ertrunken im See liegen. Im Morgengrauen kamen sie Gott sei Dank wohlbehalten nach Teupitz zurück. Sie hatten noch vor dem Sturm das Ufer erreicht und in einem fremden Bootshaus übernachtet.

Wenn ich Langeweile hatte, ging ich in den Keller. In dem hellen, langen Raum hüpften Hunderte von winzigen Fröschlein herum. Sie waren nicht größer als mein kleiner Finger. Ich steckte sie in eine Zigarrenkiste und setzte sie im Garten wieder aus. Der Keller hatte eine wundervolle Akustik, und ich sang darin aus voller Kehle. Eine der Lehrerinnen sagte daraufhin zu meiner Mutter: „Ihre Tochter hat eine gute Stimme, lassen Sie die mal später ausbilden."

Ihre Meinung ist uns wichtig!

Liebe Leserin, lieber Leser, wie wurden Sie auf das Buch aufmerksam?

☐ Ich habe das Buch geschenkt bekommen
☐ durch eine Anzeige
☐ durch einen Zeitungsartikel
☐ durch die Buchhandlung
☐ durch Freunde, Verwandte

☐ Ich möchte gerne frei Haus bestellen: ▼

Wie hat Ihnen das Buch gefallen?
Bitte sagen Sie uns Ihre Meinung, auch Kritik interessiert uns:

Ihre Einsendung nimmt an der **monatlichen Buchverlosung** teil, bei der jeweils drei ZEITGUT-Bände zu gewinnen sind. Die Gewinner werden informiert. Die Ergebnisse und weitere Informationen finden Sie auch im Internet auf unserer Website **www.zeitgut.de**

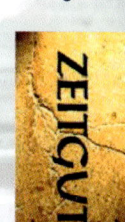

ZEITGUT

Postkarte
0,45 Euro

Antwort

Zeitgut Verlag
Leserservice
Klausenpaß 14

12107 Berlin

www.zeitgut.de

Absender

Name:

Vorname:

Straße:

PLZ:

Ort:

E-Mail:

Die Karte entnahm ich dem Buch:

☐ Ich möchte regelmäßig über das
Zeitgut-Programm informiert werden.

Für zwei statistische Angaben wären wir Ihnen
dankbar. Sie werden vertraulich behandelt:

Geburtsjahr:

(ehemaliger) Beruf:

Mama fand das albern und erzählte es mir lachend. Ihre gute Laune und Urlaubsfröhlichkeit verwandelte sich leider bald in Eifersucht, denn mein Stiefvater, den sie „Luftikus" nannte, hatte mit der hübschen Haustochter ein Techtelmechtel angefangen. Um seine Frau wieder zu versöhnen, arrangierte er eine Italienische Nacht – ein rauschendes Fest mit Musik, Tanz und Phantasiekostümen. Im Garten wurde ein Tanzboden gezimmert. Lichterketten aus vielen kleinen Glühlämpchen, unterbrochen von Lampions und Luftballons, boten schon bei Tageslicht ein buntes Bild. Auch ein kaltes Büffet wurde aufgebaut.

Wir Kinder durften aufbleiben und alles miterleben. Ich beobachtete, wie sich meine Mama als Maharadscha verkleidete. Sie drapierte nicht nur Laken als Gewand um ihren Körper, sondern zauberte auch einen tollen Turban mit einer funkelnden Brosche aus falschen Steinen. Dazu schminkte sie sich ganz braun. Zu meinem Stiefvater paßte vorzüglich der Pirat mit Augenklappe und rotem Halstuch. Mich hatte Mama in den hellblauen Anzug meines kleinen Bruders gezwängt. Das gefiel mir gar nicht, weil er viel zu eng war. Klein-Erich bekam echte Lederhosen und ein Seppelhütchen mit Feder, um die ich ihn beneidete. Klausi fühlte sich im Mädchenkleid von mir und großer Haarschleife auch nicht sehr wohl.

Meine Mutter war erleichtert, als ihre Nebenbuhlerin ein braves Rotkäppchen im Dirndlkleid darstellte. Erich und ich konnten die Dunkelheit kaum erwarten. Mein Stiefvater hatte eine sechsköpfige Tanzkapelle engagiert. Nach den leiblichen Genüssen wurde eifrig das Tanzbein geschwungen. Wir Kinder sorgten dafür, daß sich das kalte Büffet schnell leerte. Natürlich teilte ich meine Häppchen mit dem geliebten Hektor!

Bei Erdbeerbowle und Sekt gerieten alle Gäste in heiterste Stimmung. Wir Kinder wuselten zwischen tanzenden Seejungfrauen, Schornsteinfegern und Matrosen herum. Es war ein unvergeßliches Erlebnis, das von einem Feuerwerk gekrönt wurde. Die Pensionsgäste schwärmten noch lange davon und bedankten sich bei Max Hübner.

Die Ferien waren fast zu Ende, als meine Großeltern zu Besuch kamen. Meine Mama bekam gleich Krach mit ihrer Mutter. Die hatte auf dem Küchentisch zwischen herumliegenden Makkaroni, Zwiebeln und Tomaten ein paar verstreute Zehnmarkscheine erblickt. Sie schimpfte: „Wie kann man nur so bodenlos liederlich sein! Wenn ihr weiter so mit dem Geld herumschmeißt, wird es euch später mal fehlen!"

Darüber konnte meine Mama nur lachen, nicht ahnend, daß sich die Prophezeiung bald bewahrheiten sollte.

Für mich endeten die Sommerferien einen Tag später mit einem Eklat. Mein Stiefvater hatte am frühen Abend fröhlich eins getrunken und wurde übermütig. Im Piratenkostüm, auf allen Vieren kriechend und mit einem Messer im Mund, hatte er die ganze Familie in eine Ecke gedrängt, nachdem er geschrien hatte: „Ich bring' euch alle um!"

Wir Kinder wußten nicht, ob es Spaß oder Ernst war und hatten Angst. Mein treuer Begleiter Hektor rettete die Situation, indem er den Betrunkenen bellend und zähnefletschend verjagte.

Meine Großmutter war entsetzt und schrie: „Das Kind kommt jetzt zu uns!"

Sie packte sofort meine Sachen für die Abreise. Da mein Großvater auch mein Vormund war, konnte er meinen Aufenthaltsort bestimmen. Ich widersetzte mich heulend: „Ich will bei Hektor bleiben! Und eure ollen Schmalzstullen will ich auch nicht essen!"

Noch am gleichen Abend hielt ich wieder Einzug in die Berliner Pintschstraße, wo ich bis zur Schulentlassung 1934 ein weniger aufregendes, aber sehr behütetes Leben führen konnte.

Aus: „Zwischen Kaiser und Hitler", Reihe ZEITGUT, Band 15.

[Recklinghausen – Bad Godesberg, Nordrhein-Westfalen 1925]

Ingeborg Müller-Exo

Mit einer schwarzlackierten Kutsche in Großmutters Reich

Welche Vorfreude erfüllte uns auf die Wochen bei der Großmutter in Godesberg! Riesenkoffer wurden gepackt. Auch
meine Puppen warteten reisefertig angezogen darauf, liebe-
voll auf den Arm genommen zu werden. Natürlich durften
die Stoffhunde meines Bruders – Bully und Charlie – ebenfalls nicht fehlen.

Endlich war der ersehnte Reisetag da, und wir saßen im
Zug. Erwartungsvoll drückten wir unsere Nasen am Abteil-
fenster platt. Butterbrote, Äpfel und Bananen wurden aufgeregt verspeist, dabei schluckten wir die Angst vor dem un-
angenehmen Abfragen von Namen, Ortschaften, Bergen, Burgen oder Flüssen mit hinunter. Das Prüfen und Drillen mußte
sogar auf einer Urlaubsfahrt exerziert werden! Dafür wink-
te uns die große Freiheit bei der Großmutter.

Am Bahnhof standen Pferdekutschen bereit, und die Fahrt
mit einer solchen schwarzlackierten Kutsche war das erste
Ferienvergnügen. Der Blick auf die Haustür, das Hineinstür-
men in die Arme der Großmutter, der Duft von Obst und
Blumen, das Ticken der großen Standuhr in der Diele – wir
waren zu Hause! Dann machten wir uns mit dem Bollerwa-
gen auf den Weg, um die Koffer vom Bahnhof abzuholen. Alles
geschah unter der Aufsicht des Kindermädchens, das aber
jeden Spaß und jeden Streich mitmachte.

Mit dem Kerzenleuchter in der Hand stiegen wir anschließend in die Mansarde – in unser Reich, in dem wir uns so recht heimelig fühlten. Große Eichenbetten standen hier mit schweren, wunderschönen gehäkelten Überdecken, eine alte Kommode, darüber die leise tickende Wanduhr, ein Waschtisch mit Schüsseln und Kanne daneben, an der Wand ein kleines eisernes Becken mit tropfendem Wasserhahn, zwei Stühle und unter dem Fenster zwischen den Betten ein Nachtschränkchen mit Marmorplatte.

Durch das Fenster sah man auf die Bäume in Großmutters Garten. An die Jagd auf Spinnen erinnere ich mich nicht so gerne – die „lieben Tierchen" waren uns nicht gerade sympathisch. Um so mehr Spaß hatten wir, als einmal eine Fla-

Ein Bad im Rhein 1929 bei Niederdollendorf mit Papa. Waren die Eltern abgereist, hatten wir endlich „freie Bahn". Bei Großmutter in Bad Godesberg konnten wir nach Herzenslust herumtoben.

Mein Bruder und ich beim Spielen am Rhein. Am liebsten schauten wir den Schiffen zu und träumten von großer Fahrt.

sche mit Lakritzwasser „explodierte" und die braune Brühe von Decke und Wand in dekorativem Muster herunterlief. Zu Hause hätte es Strafe gegeben, aber Großmutter drückte beide Augen zu. Die Eltern waren abgereist, und wir hatten „freie Bahn".

Oft unternahmen wir einen Spaziergang an den Rhein. Wir setzten uns auf eine Bank und sahen den Schiffen zu, die stromauf und stromab fuhren. Durch Großmutters Garten floß der Godesberger Bach. Von der Brücke aus ließen wir an langer Leine Schiffchen fahren. Einmal wunderten wir uns über die immer länger werdende Schnur, und plötzlich war das Bötchen unseren Blicken entschwunden. Die Schnur war gerissen! Wir sausten los in dem Glauben, noch früh genug zur Einmündung des Baches in den Rhein zu gelangen. Aber der Bach war schneller, und unser Schiff ging auf große Fahrt.

Der wild wuchernde Garten war ein Paradies, in dem wir

nach Herzenslust spielen konnten. Zwei Kisten, verbunden mit dicken Kordeln, waren unser Schleppdampfer mit Schleppkahn, auf dem wir wohnten. Ich durfte eine Leine spannen und meine Puppenwäsche aufhängen. Ein anderes Mal bauten wir uns mit Stöcken und Decken ein Zelt, in dem wir auch bei Regen, hockten. Auf unsere Kleider mußten wir keine Rücksicht nehmen. Von Zeit zu Zeit bekam Großmutter Besuch von einer sehr eleganten Dame, die ich sehr bewunderte. Insgeheim wünschte ich mir, einmal genauso zu werden – aber erst später, wenn ich groß sein würde.

Manchmal betätigten wir uns auch im Garten, zupften Unkraut, pflückten Johannis- und Stachelbeeren. Großmutter kochte und backte alles, was wir gerne mochten. Wir genossen all die Festtage.

Abends nahm die Großmutter meist einen Korbsessel und stellte ihn in die offene Haustür. Wir hockten uns dazu, und dann erzählte sie uns aus früheren Zeiten. Zwischendurch sangen wir gemeinsam Volkslieder. Zur Vollmondzeit wetteiferten wir, wer zuerst den Lichtschein des aufgehenden Mondes hinter dem Siebengebirge erspähen konnte.

Schön war es aber auch, wenn es regnete oder gewitterte. Dann dampfte die Erde im Garten, die Regentropfen hingen wie glitzernde Perlen an den Gräsern, den Blumen und Sträuchern. Ein süßer, schwerer Duft, gemischt mit Frische, verbreitete sich, und wir spielten auf der überdachten Veranda oder hockten auf der Fensterbank und beobachteten den Weg, den die Regentropfen auf der Fensterscheibe nahmen. Da fällt mir auch unser Seifenblasen ein. Zu wahren Künstlern entwickelten wir uns hier. Schade war nur: Die Seifenblasen konnten noch so schön sein, sie konnten in den schillerndsten Farben leuchten – sie platzten.

Ein Ende fanden auch die herrlichen Ferien. Der Abschied fiel uns immer sehr, sehr schwer.

Aus: „Zwischen Kaiser und Hitler", ZEITGUT Band 15.

Ausflüge mit unserem ersten Auto, einem Opel 4/14 PS, schufen ein völlig neues Lebensgefühl: Ich stebe hinter Mutti, die mein Brüderchen hält.
Ich wurde nach der Inflation, in der das Geld fast völlig seinen Wert ver-loren hatte, am 16. Juni 1924 in Duisburg geboren. Meine Eltern bekamen eine einfache Stadtwohnung in Duisburg, mein Vater hatte im Schuldienst sein Einkommen und erteilte nebenbei Klavier- und Gesangsstunden. Aber nur in der Stadt zu leben gefiel ihm nicht. Es gelang ihm schon bald, ein gebrauchtes Auto zu kaufen. Diese besondere Errungenschaft ermöglichte es meinen Eltern, mit mir zu verreisen. Als ich größer war und zur Schule ging, brachten mich meine Eltern auch manchmal in den Sommerferien nach Köln. Auf der Fahrt über die schmale Landstraße hatte ich anfangs das Gefühl, die Bäume würden mir alle entgegenlaufen, während ich doch ruhig im Auto saß.

Aus: Ursula Sabel, Die Bäume laufen mir ja entgegen!
„Stöckchen-Hiebe, Reihe ZEITGUT, Band 3.

[Gröditz bei Riesa/Elbe, Sachsen – Hirschberg*)und die
Schneekoppe im Riesengebirge;
1931]

Margot Linke

Die erste große Reise allein

1931, ich war noch nicht acht Jahre alt, wurde mir der
Wunsch, allein zum Opapa nach Hirschberg im Riesengebirge zu fahren, erfüllt. In dieser Zeit war die Eisenbahn schon
recht fortschrittlich. Die Zugbegleiter würden wir heute Ste-
ward nennen. Alle Formalitäten waren schon sehr bald vom
Vater brieflich erledigt.

Endlich kam der Tag meiner ersten großen Reise, ganz allein. Ich bekam ein großes Schild mit Namen, Reiseziel, Adres-
sen und anderen Angaben um den Hals gehängt. Ich haßte es!
Für die Heimfahrt lernte ich alles auswendig und ließ das
Schild verschwinden. Meine Eltern übergaben mich auf dem
Bahnsteig in Gröditz bei Riesa/Elbe dem Schaffner, der mich
mit in sein Abteil nahm. Ein zweiter Zugbegleiter fuhr mit.
Nun konnte die Fahrt beginnen. Wenn Kinder mitfuhren, pack-
ten die Frauen der Schaffner ihren Männern besonders viele
gute Dinge ein. Oh, was da alles aus der Tasche kam: Rote
und gelbe Limonade, Obst, Kuchen, Bonbons und Spiele. So
verging die lange Fahrt wie im Fluge und blieb unvergessen.

Am Ziel angekommen, stand Opapa auf dem Bahnsteig
und nahm mich in Empfang. Nun begann eine aufregende
Zeit. Die Spaziergänge mit meinem Großvater führten meistens am Haus von Gerhard Hauptmann vorbei. Damals

---

*) heute Jelenia Góra in Polen.

Im Riesengebirge unterhalb des Gipfels der Schneekoppe. Links geht mein Bruder, dahinter folgen Cousine Traudel und ihr Vater, vorn im geblümten Kleid wandere ich. Über den Gipfel der Schneekoppe verläuft heute die polnisch-tschechische Grenze.

konnte ich mit seinem Namen und auch mit dem eines anderen berühmten schlesischen Dichters, Joseph von Eichendorff, von denen Großvater erzählte, noch nichts anfangen. Aber ich erinnerte mich später im Unterricht an einige Gedichte und Lieder, die Großvater in seiner Schulzeit gelernt hatte und auswendig konnte, so auch dieses:

> *O Täler weit, o Höhen,*
> *o schöner, grüner Wald,*
> *du meiner Lust und Wehen*
> *andächt'ger Aufenthalt! ...*

Großvater erzählte mir, daß er bei seinen Wanderungen auf die Schneekoppe den Rübezahl gesehen hätte, den Berggeist, der den armen Menschen hilft. Über das Riesengebirge wußte er gut Bescheid. Es bildet den höchsten Teil der Sudeten, und die Schneekoppe ist mit 1603 Metern die höchste Erhebung. Über dem Gipfel der Schneekoppe verläuft heute die polnisch-tschechische Grenze. Bis zur 1000-Meter-Grenze gibt es Mischwälder, bis zur Waldgrenze bei 1300 Metern ist die Fichte ausgeprägt. Gebiete mit reicher Flora nennt man poetisch „Gärtchen", Teufels- oder Rübezahlgärtchen. Früher soll es hier auch viele Bären gegeben haben.

Leider konnte Großvater nur davon erzählen, denn er ging am Stock. Er bat deshalb seine Tochter Lenchen, meinen Bruder Werner, der schon längere Zeit bei meiner Tante zu Besuch war, meine Cousine Traudel und ihren Vater, mir das Riesengebirge zu zeigen. Mit Rucksack und Wanderstock ausgerüstet, zogen wir im Morgengrauen in Richtung Schneekoppe los. Bei der ersten Rast oberhalb eines Sees zauberte Tante Lenchen etliche Überraschungen aus ihrem Rucksack. Es gab Kuchen, Äpfel, Wurst- und Käsebrote, Bonbons und Tee. Singend und pfeifend ging es weiter. Wie ich es mir vorgenommen hatte, erreichte ich als erste den Gipfel des Berges. Als Belohnung erhielten wir in einem Wanderheim rote Brause und Lakritzstangen. Wir genossen die herrliche Aus-

Kraft sammeln für den Aufstieg. Rast an einem klaren Bergsee.

sicht. Voller neuer Eindrücke fiel ich abends ins Bett. Den Rübezahl hatte ich zwar nicht gesehen, aber ich verstand jetzt, warum Großvater von „seinem Riesengebirge" schwärmte.

Es regnete schon ein paar Tage und die Langeweile beschlich mich. Großpapa hatte eine tolle Idee: „Wir bauen ein

Mein Großvater in Hirschberg, Riesengebirge, im Kreise seiner Töchter und Enkelkinder. Ich sitze in der Mitte.

Glashaus mit Treppen, zwei Räumen zum Schlafen und Spielen. Wenn es fertig ist, kaufe ich dir zwei weiße Tanzmäuse."

Gesagt, getan. Mit großen Augen betrachtete ich die vielen verschiedenen Tiere, die in der Zoohandlung zum Kauf angeboten wurden. Besonders angetan hatte es mir ein Papagei. Ihn hätte ich am liebsten ebenfalls mitgenommen.

Das Mäusehaus war planmäßig zur Abfahrt fertig. Bereits im Zug kamen die ersten Jungen zur Welt. Ich war im Glück, meine Mutter nicht! In kürzester Zeit haben sich die Mäuse so vermehrt, daß meiner Mutter der Kragen geplatzt ist. Sie verschenkte im ganzen Dorf Mäuse: große, mittlere und ganz winzige. Natürlich handelte sie sich auch Ärger ein. Dafür schnurrten die zufriedenen Katzen. So gut ist es ihnen noch nie gegangen, denn einen solchen Gruß aus Schlesien hatten sie nicht erwartet.

Aus: „Heil Hitler, Herr Lehrer!", Reihe ZEITGUT, Band 13.

[Friedrichshafen – Oldenburg;
1935 –1937]

Jan Eilers

„*Luftschiff – – – marsch!*"

„Was meinst du, wo wollen wir dieses Jahr hinfahren?"
Wie in jedem Jahr stellte Vater mir auch im Sommer 1935
diese Frage. Er war Eisenbahner und bekam jährlich mehrere kleinere Freifahrten. Einmal im Jahr aber gab es für
die ganze Familie eine große Freifahrt für Deutschland,
Österreich, Schweiz und Schweden.

Lange zu überlegen brauchte ich nicht: „Ich möchte nach
Friedrichshafen, um das neue Luftschiff LZ 129 anzusehen!"
Vater war einverstanden, zumal er die Landschaft dort sehr
reizvoll fand.

Die nette Familie, bei der wir in Friedrichshafen Unterkunft fanden, hieß Sauter. Frau Sauter sagte uns, daß eine
Besichtigung des Luftschiff-Neubaus nicht möglich sei. Sie
wüßte es von ihrem Mann, der im nächsten Jahr als Maschi-
nist auf dem LZ 129 fahren würde. Jawohl, es hieß „fahren",
nicht fliegen, wurden wir aufgeklärt. Aber wir hätten Glück,
morgen früh könnten wir die Abfahrt des riesigen Luftschiffes „Graf Zeppelin" nach Amerika beobachten, ihr Mann sei
bereits an Bord. Die Ankunft eines Luftschiffes wurde rechtzeitig per Funk angesagt. Daraufhin wurden vom Luftschiff-
gelände drei Böllerschüsse abgefeuert, um die Ankunft der
Bevölkerung bekanntzugeben. Auch die zum Luftpostdienst
eingeteilten Postler hatten umgehend im Postamt zu erscheinen, um die mit Kraftfahrzeugen angefahrene Post zu sor-

tieren. Das mußte immer sehr schnell gehen, sie eiferten dann um die Wette. Besonders verdiente Beamte im Post- oder Telegrafendienst erhielten ab und zu kleine Binnenflüge als Freiflüge, Frau Sauter erklärte uns auch, was das Kürzel „LZ" bedeutet, nämlich „Luftschiff Zeppelin". Nun wollte ich noch wissen, weshalb zwischen LZ 127 und LZ 129 eine Lücke klaffte. Wir erfuhren von Frau Sauter, daß LZ 128 zwar auf dem Reißbrett existiere, aber warum es nicht gebaut werde, wisse sie selbst nicht. Den Grund dafür erfuhr ich erst viele Jahre später.

Ich konnte vor Aufregung nicht schlafen und war froh, als es endlich Morgen war und wir losgingen. Schon von weitem sahen wir die riesige Silberzigarre, umringt von einer großen Menschenmenge. Eine „Zigarre" bekam auch mein Vater von einem Wachmann verpaßt. Vater wollte sich doch tatsächlich eine echte Zigarre anstecken und hatte nicht daran gedacht, daß vor uns eine gigantische Wasserstoffbombe lag!

Am 18. Mai 1930 nahm das Luftschiff LZ 127 „Graf Zeppelin" die planmäßige Postbeförderung nach Südamerika auf. Abgebildet ist ein sogenannter Vorbindezettel für Ortsbriefe nach Rio de Janeiro. Von dort wurde die Post mit Flugzeugen weiterbefördert. Dadurch ergab sich zum herkömmlichen Postweg ein Zeitgewinn von bis zu 25 Tagen.

Besichtigung des Riesen. Inlandflüge kosteten 400, Südamerikafahrten 1600 Reichsmark. Der Durchschnittsbürger konnte sich diesen Luxus nicht leisten. Dafür war der Komfort außergewöhnlich groß: Den Passagieren standen neben ihren Kabinen mit Warm- und Kaltwasser ein Speisesaal, ein Gesellschaftsraum, ein Rauchersalon mit Bar und ein Musikzimmer mit einem Aluminium-Flügel zur Verfügung.

Aus dem Bauch des Luftschiffes rauschten große Mengen Ballastwasser, man sah, wie das Schiff immer leichter wurde und die Haltetaue der Bodenmannschaft sich strafften.

Durch das Megaphon ertönte schließlich das Kommando: „Luftschiff – – – marsch!"

Als das Schiff ganz langsam auf etwa 50 Meter Höhe gestiegen war, hörte man das Ring–ring–ring der Maschinentelegrafen. Die fünf Maybach-Motoren fingen an zu brummen, die riesigen Luftschrauben begannen zu mahlen. Aus den Lautsprechern des Schiffes erklang das Lied:

„Muß i denn, muß i denn zum Städtele hinaus!"

Unter begeistertem Winken Tausender Zuschauer verschwand der Riese am Horizont.

Ein Jahr später sah ich ihn wieder. Es war am frühen Morgen des 26. März 1936, als die beiden Luftriesen LZ 127 „Graf Zeppelin" und LZ 129 „Hindenburg" in Friedrichshafen zu

Passagiere eilen zur „Fahrgastanlage" des LZ 129. Sie befand sich etwa Mittschiffs und verfügte Backbord und Steuerbord über schräg nach unten stehende Fenster, die geöffnet werden konnten und den Passagieren eine hervorragende Aussicht boten. Zwei nach unten schwenkbare Treppen erlaubten den bequemen Ein- und Ausstieg am Boden. Für die Passagiere standen anfangs 50, nach der Erweiterung 72 Betten zur Verfügung. Für die Besatzung gab es 54 Schlafplätze.

*Luftschiff-Kapitän
E.A. Lehmann verunglückte
am 7. Mai 1937 mit dem
Zeppelin LZ 129 Hindenburg
in Lakehurst tödlich.*

einer Deutschlandfahrt aufstiegen. Vier Tage, drei Nächte und 7 000 Kilometer lagen vor ihnen, bis sie am 29. März wieder in Friedrichshafen landen sollten. Kommandant von LZ 127 war normalerweise Hugo Eckener, diesmal aber war es Kapitän Hans von Schiller.

Kommandant von LZ 129 war Kapitän E. A. Lehmann. Dieser schrieb am 28. März 1936 an Bord der „Hindenburg" folgenden Bericht:

Hamburg wirkt geradezu märchenhaft. Ein Meer von Lichtern, ein unendliches Flimmern, eine einzige prachtvolle Festbeleuchtung der ganzen Millionenstadt!

Die Sirenen der Schiffe vereinigen sich mit dem Pfeifen der Lokomotiven zu einer Begrüßungs-Sinfonie. Eine Stunde kreuzen unsere Luftschiffe über Hamburg, dann trennen wir uns für die Nacht von LZ 127 ‚Graf Zeppelin'.

Die ‚Hindenburg' verbringt die Nacht über der Nordsee. Gegen 4 Uhr wird Helgoland angefahren, um 6 Uhr Wyk auf Föhr, die Heimat des Präsidenten Christiansen, der an unserer Fahrt teilnimmt. Nach der sternklaren Nacht über der Nordsee machen wir jetzt eine Schlechtwetterfahrt. Der Himmel ist tiefverhangen, ununterbrochen rinnen die Regenbäche über die Scheiben. Der Begeisterung kann aber kein Landregen Abbruch tun, und so war auch der Empfang in Oldenburg überaus herzlich.

In meiner Heimatstadt Oldenburg wurden die beiden Giganten am Sonnabend, dem 28. März 1936, um 9 Uhr erwartet. Wir Kinder hatten schulfrei und marschierten geschlossen zu den „Dobben-Wiesen" rund um das damalige Regierungsviertel. Es war diesig, die Wolken hingen tief.

Ganz langsam schob sich dicht über den Spitzen der Lamberti-Kirche ein Ungeheuer, die Motoren auf halbe Kraft, heran. LZ 127 zog über uns eine Schleife und verschwand in Richtung Süden. LZ 129, die „Hindenburg", war noch gigantischer anzusehen, sie drehte über uns jubelnden und win-

LZ 129 „Hindenburg", das „Fliegende Hotel", 1936 in Lakehurst, USA.

kenden Kindern ebenfalls eine Schleife. Das waren Eindrükke, die ich nie wieder vergaß. Es war gerade so, als ob die damals sehr bekannten Ozeanriesen „Bremen" und „Europa" über unseren Köpfen schwebten.

Ein weiteres Jahr später, am 7. Mai 1937, kam das Ende der Luftschiffahrt. Als bei der Landung in Lakehurst in den USA das Landeseil den Boden berührte, flog die „Hindenburg" in die Luft und verbrannte in wenigen Sekunden, mit ihr viele Passagiere, auch Kapitän Lehmann.

Die Ursache für das entsetzliche Unglück wurde lange Zeit verschwiegen. Erst nahezu 60 Jahre später kamen die Gründe ans Tageslicht. Bis zu „Graf Zeppelin" war die Außenlakkierung der Luftschiffe elektrisch leitend. Da das „Tausendjährige Reich" sehr devisenschwach war, wurden für den Außenanstrich der „Hindenburg" erstmals nur inländische Rohstoffe verarbeitet. Obwohl der Lack Aluminiumpulver enthielt, war er nicht elektrisch leitend. So luden sich beim Gewitterflug Gerippe und Außenhaut elektrisch mit verschieden Potentialen auf. Hinzu kam das Abblasen von Wasserstoffgas bei der Landung, damit das Schiff schwerer wurde. Jetzt genügte ein einziger Funke, und die Katastrophe wurde ausgelöst.

Eines habe ich jedoch nie erfahren: ob Vater Sauter aus Friedrichshafen das Unglück überlebte.

Noch ein Geheimnis wurde erst jetzt gelüftet. LZ 128 sollte erstmals mit dem nicht brennbaren Helium gefüllt werden. Helium in größeren Mengen gab es aber nur in den USA. Die Amerikaner hatten die Lieferung bereits zugesagt. Doch als Hitler im Jahre 1934 etwa hundert Männer, darunter solche, die ihm zur Macht verholfen hatten, als „Maßnahme der Staatsnotwehr" ermorden ließ, schreckten die Amerikaner auf. Sie stoppten die Heliumlieferung. Damit ging die Ära der Luftschiffahrt vorerst zu Ende.

Aus: „Getäuscht und verraten", Reihe ZEITGUT, Band 16.

[Königsberg*), Ostpreußen – Kiel;
1935]

Heinrich Schröter

Starker Tobak

Vor dem Krieg lebte ich eine Zeitlang in einer ostpreußischen Kleinstadt. Ich war damals siebzehn Jahre jung, schmauchte schon ein Pfeifchen und schrieb Verse. Mit einem Zweizeiler beteiligte ich mich an einem Urlaubs-Preisausschreiben und wurde dabei „Reichssieger". Der Preis: eine Seereise mit einem Passagierschiff vom „Seedienst Ostpreußen" von Königsberg nach Kiel.

Die Schiffsfahrt auf der Ostsee war eher stürmisch als lustig. Vor Rügen tobte Windstärke zehn. Fast alle Passagiere und viele Matrosen packte die Seekrankheit. Mir, dem „Reichssieger", machten Sturm und Wogen nichts aus.

In Kiel kaufte ich in Eile an einem Kiosk ein Päckchen Tabak, Marke „Seemannsgarn".

Während der Rückfahrt wehte kein Lüftchen, die Sonne glühte, die See war spiegelglatt. Ich probierte das „Seemannsgarn" – und wunderte mich, daß mir von Pfeife zu Pfeife übler wurde.

„Nur nicht weichwerden, Herr Reichssieger", witzelte einer der Schiffsoffiziere, deren Ehrengast ich war.

Ich spuckte verstohlen ins Taschentuch, trank Kaffee und Kognak, schluckte Tabletten – alles vergebens.

Endlich in Königsberg angekommen, taumelte ich an Land.

---

*) heute Kaliningrad in Rußland

Als Gewinner eines Urlaubspreisausschreibens durfte ich mit einem der neugebauten Passagierschiffe vom „Seedienst Ostpreußen" von Königsberg nach Kiel reisen. Auf dem Bild ist die 1935 in Dienst gestellte „Tannenberg" zu sehen.

Als ich wenig später einem Schulfreund, mit dem ich schon als Quartaner manchen Tobak gequalmt hatte, mein „Seemannsgarn" anbot, lachte er, was die Kehle hergab: Ich hatte geschnittenen Kautabak geraucht!

Wer nun meint, dieses Erlebnis hätte mich bekehrt und ich hätte mit dem Rauchen aufgehört, der irrt: Ich habe dieses Laster mein Leben lang beibehalten.

Aus: „Getäuscht und verraten", Reihe ZEITGUT, Band 16.

[Rostock, Mecklenburg-Vorpommern –
Stationen der Reise duch Ostpreußen:
Pillau – Rauschen – Rossitten – Cranz – Königsberg*) –
Tannenberg – Marienburg – Elbing – Danzig**);
1935/1936]

Reinhard Lauenstein

Zu Fuß durch Ostpreußen

Wir Pimpfe waren die Jungen zwischen zehn und vierzehn Jahren innerhalb der Hitlerjugend. Unsere Begeisterung für gemeinsame Taten hatte ihren Ursprung nicht etwa im Programm des Nationalsozialismus, wir Jungen freuten uns vielmehr, eine Gemeinschaft von Gleichaltrigen zu sein. Für uns wurde alles nur Mögliche organisiert.

Ganz besonderen Spaß machten uns die bis in die Dunkelheit ausgetragenen Geländespiele zwischen zwei Gruppen, meist bestehend aus einem einzigen Fähnlein, das vier Jungenschaftszüge mit je 30 Jungen enthielt. Die Taktik wurde wie bei einem militärischen Manöver gehandhabt. Dabei trug die eine Partei als Erkennungsmerkmal um den linken Oberarm rote und die andere Partei blaue Wollfäden, die nicht verlorengehen durften. Gelang es der Gegenpartei, diese Fäden abzureißen, galt sein Träger als tot. Das Spiel verlief in einem fest umrissenen Rahmen mit Angriffs- und Verteidigungsplänen, Täuschen des Gegners nach Überraschungsaktionen und möglichst unbemerktem Anschleichen. Das Ganze endete gewöhnlich in einem Handgemenge, bei dem auch die „Toten" noch eifrig mitkämpften.

In regelmäßigen Abständen wurden auch Sportwettkämpfe

---

*) heute Baltjisk, Sswetlogorsk, Rybatschi, Selenogradsk und Kaliningrad in Rußland
**) heute Stębark, Malbork, Elblag und Gdánsk in Polen

veranstaltet, für die wir allerdings nie systematisch trainierten, so daß die Tagesform oder eben die reine physische Kraft letzten Endes entscheidend war.

Auf Gauebene fanden Singwettbewerbe statt, etwa in der jeweiligen Stärke eines Jungzuges*). Dabei zeichnete sich unser Fähnlein im Land Mecklenburg, zu dem wir gehörten, des öfteren aus. Unser Fähnleinführer Georg Krüger, ein 17jähriger Oberschüler, hatte uns gut im Griff, weil er durch seine ungezwungene Natürlichkeit, seine Umsicht, sein Organisationstalent und einen ausgeprägten Gerechtigkeitssinn bei den Jungen allgemein beliebt und anerkannt war.

Nach altgermanischem Vorbild hatten wir mitten auf einer Lichtung im Barnstorfer Wald unseren Thingplatz, auf dem alle vier Züge unseres Fähnleins Platz fanden. Im näheren Umkreis war hier jeder fremde Lauscher schnell zu erkennen, so daß die im Karree aufmarschierten Jungzüge Zeugen von Plänen wurden, die nur uns etwas angingen. Auch gelegentliche Streitigkeiten wurden an Ort und Stelle besprochen und mit einem Schiedsspruch oder Auflagen für die Streithähne beendet. Zumeist ging es aber um geplante Unternehmungen, deren Durchführung vor versammelter Mannschaft besprochen werden sollte.

Die großen offiziellen Umzüge und Aufmärsche zu den verschiedensten Gelegenheiten waren dagegen weniger beliebt. Im Dienst trugen wir das Braunhemd mit schwarzem Schlips und Lederknoten, eine kurze schwarze Hose mit Ledergürtel, Schloß und Schulterriemen. Selbst in den Wintermonaten waren die Beine nur mit Kniestrümpfen bedeckt. Das härtete gut ab. Erst bei strengem Frost trugen wir die langen „Skihosen".

Meine Schulfreunde waren dem Jungvolk schon mit zehn Jahren beigetreten, ich wegen längerer Krankheiten erst ein Jahr später, 1935.

Im Jahr darauf gehörte ich mit meinem gleichaltrigen Nachbarn Wolf Gießelmann zu den 30 Jungen, die als erste gemeinsam die Provinz Ostpreußen durchwandern wollten. Die Initiative ging von unserem Fähnleinführer aus. Wir beiden Zwölfjährigen waren die Jüngsten. Zur Vorbereitung auf diesen Landmarsch gab es eine kurze Ostlandschulung über das Wirken des Ritterordens und die Schlacht bei Tannenberg. Wir wollten die dortige Gedenkstätte und auch die Marienburg besichtigen. Für unsere dreiwöchige, außergewöhnliche Reise durften wir sogar auf Rostocks Straßen mit Sammelbüchsen einige zusätzliche Groschen einkassieren.

Mit der „Preußen", einem Liniendampfer des Seedienstes Ostpreußen, stachen wir am 7. Juli 1936 in Rostock-Warnemünde in See. Wir saßen meist singend, mit Mund- oder Ziehharmonikabegleitung, auf dem Schiffsdeck. Nach einer Tagesfahrt erreichten wir Pillau. Mit der Samlandbimmelbahn fuhren wir von Palmnicken nach Rauschen und zelteten an der Samlandküste, die sich als offene Steilküste über dem Meer erhebt. Ein schmaler Fußpfad schlängelte sich nahe der Abbruchkante entlang. Unsere schwarze Fahne mit der weißen Siegrune trug den ganzen Tag einer der Jungzugführer voran, diesmal war es Klaus Mahn.

Ein gewaltiger Schreck durchfuhr uns am ersten Abend: Der Fähnleinführer hatte seinen Brotbeutel mit dem gesamten Reisegeld – 3000 RM – im Bahnhof der Kleinbahn liegengelassen! Zum Glück fand ein sofort ausgeschickter Fahrradbote das kostbare Gut unversehrt vor.

Morgens standen wir kurz nach Sonnenaufgang auf, bauten die Zelte ab und schnallten die Zeltplanen auf unsere Tornister. Mittags gab es mitgeführten Reis mit Backpflaumen, immer ordentlich angebrannt. Auf unserem selbstgebauten Landmarschwagen hatten keine großen Vorräte Platz. Bei beginnender Dunkelheit bauten wir mit geübten Handgriffen die Zelte wieder auf. Die Eltern waren übrigens zu ihrer Beruhigung vor der Fahrt hinters Licht geführt worden, ihnen war ein durchschnittliches Marschziel von 21 Kilometern am Tag angegeben worden. Tatsächlich marschier-

Unser dreiwöchiger Ostlandmarsch führte uns zunächst entlang der Samlandküste. Die schwarze Fahne wehte uns voran. „Denn die Fahne ist mehr als der Tod", sangen wir in einem unserer Lieder.

ten wir täglich fast das Doppelte. Ein erwachsener Sanitäter begleitete uns.

Auf der Kurischen Nehrung liefen wir bis Rossitten, einer bekannten Vogelschutzwarte. Dort kaufte ich mir von meinem Taschengeld – fünf Reichsmark, die mir meine Eltern für die drei Wochen bewilligt hatten – einen kleinen Spitz aus Bernstein für eine Mark. Das war meine einzige Ausgabe auf der gesamten Tour. Die übrigem vier Mark brachte ich wieder heim, denn ich war soviel Geld nicht gewohnt.

Wir zelteten auf der mächtigen weißen Wanderdüne vor der Stadt ohne zu ahnen, daß in derselben Nacht ein kräftiger Gewittersturm aufkommen würde, der uns fast das Gruseln lehren sollte. Meine Zeltmannschaft hatte Glück, es gelang uns, die Stangen und Verstrebungen des Zeltdaches krampfhaft festzuhalten. Wenn auch der heftige Regen durch die Planen tropfte, wurden wir acht davon verschont, in einem Tohuwabohu zu enden, wie leider alle übrigen Zeltgemeinschaften unseres Fähnleins. Am nächsten Morgen strahlte schon wieder die Sonne, die es überhaupt während unserer Wanderung sehr gut mit uns meinte.

Ein Fischerboot brachte uns nach Cranz zurück. Mit Staunen beobachteten wir damals, daß die Fischer die frisch gefangenen Schollen gleich roh verzehrten.

In Königsberg konnten wir in der Jugendherberge wohnen. Auf deren weiten Hof war viel Platz. Zu meinem Leidwesen wurde auch hier wieder ein Boxring aufgebaut. Jedesmal holte ich mir bei derartigen Wettkämpfen, zu denen jeder aufgefordert werden konnte, trotz der dicken Handschuhe eine blutende Nase, auf die dann immer weiter eingehämmert wurde. Da gab es kein Pardon. Erst bei unserer späteren Fahrt von Angerburg über die Masurischen Seen wurde ich von dieser Tortur erlöst, als bei Sturm die Boxhandschuhe aufweichten, weil sie offen auf dem Vorschiff in der Vertiefung unserer Trommel lagen.

Die Fußmärsche durch Masuren bei Windstille, stehender Hitze, aufgewirbeltem staubigen Dunst und flankiert von hohen trockenen Sanddornsträuchern setzte vielen größeren Jungen ordentlich zu. Manche machten schlapp, obwohl wir geknotete und angefeuchtete Taschentücher auf dem Kopf trugen. Wir kleinen Pökse aber hielten tapfer durch. So lie-

Abwechselnd schoben und zogen wir unseren selbstgebauten, vollbeladenen Landmarschwagen.

Auf dem Marsch durch Masuren bei Rudjanny.

fen wir an einem einzigen Tag von der Ortschaft Hohenstein bis zu dem 1927 errichteten Denkmal bei Tannenberg, dessen riesiges Thermometer auf der Nordseite 31 Grad im Schatten anzeigte. In der glühenden Mittagshitze führte der Weg anschließend über Stoppelfelder bis zum Dorf Tannenberg. Das waren mehr als 50 Kilometer!

Die Masurische Seenplatte, vor allem ihre unberührte Natur, begeisterte uns alle. In den von Wald umschlossenen Kanälen jagten bunte Eisvögel umher. Diese in sich abgeschlossene Welt lag in tiefstem Frieden mit sich selbst.

Die Sonne brannte heiß, als wir mit dem Schiff über den Spirdingsee fuhren. Gegen den Durst hatten wir eine Flasche Buttermilch bekommen, die ich aber nicht trinken mochte, weil sie mir zu sauer schmeckte. Eine ältere Frau, die offensichtlich beobachtet hatte, wie ich das Gesicht verzog, tauschte mit mir spontan meine Buttermilch gegen ihre Flasche Vollmilch ein. Darüber habe ich mich sehr gefreut. Vom See ging es an Land zur Übernachtung im Stroh. Ein Bauer in Johannisburg hatte uns seine Scheune überlassen. An einem der nächsten Abende pflückte sich jeder von uns im Wald von Rudjanny ein Kochgeschirr voll Blaubeeren, ein Landwirt spendierte die Milch dazu und wir waren glücklich.

Bei Gilgenburg erreichten wir die damalige deutsch-polnische Grenze. Dort fand ein Appell statt, und unser Jungbannführer, der uns schon erwartete, begrüßte jeden von uns mit Handschlag. Wir zelteten am See, der hier die Grenze bildete. Als wir bei Sonnenaufgang gemeinsam am Ufer sangen, kam plötzlich ein junger Pole zu uns herübergeschwommen. Er wollte uns zu einem Ausflug in sein Zeltlager bewegen, dessen Umrisse am gegenüberliegenden Ufer zu erkennen waren. Die Grenzüberschreitung hätte möglicherweise zu politischen Verwicklungen geführt. Unser Fähnleinführer wollte das jedenfalls nicht verantworten.

Wie angespannt die Lage zwischen Deutschland und Polen damals war, bekamen wir zu spüren, als wir von Marienburg über Dirschau nach Danzig mit der Eisenbahn ein Stückchen

Wir besichtigten auch die Marienburg in Ostpreußen. Sie hatte damals noch das mehrfarbige Original-Dachmosaik. Auf dem Turm saß eine Haube, heute bilden die Zinnen darunter den Abschluß.

durch polnisches Gebiet fahren mußten. Da ging plötzlich, wie aus heiterem Himmel, ein Steinhagel auf unsere Waggons nieder, so daß wir auf dem Boden Deckung nehmen mußten. Das geschah mehr als drei Jahre vor Kriegsbeginn und hat uns sehr betroffen gemacht.

Ein einmaliges Erlebnis war die Land-Flußfahrt auf dem Oberländischen Kanal von Osterode in Richtung Elbing. Noch heute, 1999, ist eine solche Fahrt eine außergewöhnliche Attraktion, wenn die Schiffe auf Transportwagen an Stahlseilen über verschiedene Hügel gezogen werden.

Bevor wir nach Danzig weiterfuhren, bewunderten wir das herrliche und majestätische Innere der Marienburg. Wir bedauerten, daß wir nur einen Tag in Danzig bleiben durften, wo wir sehr behelfsmäßig in einer Schule untergebracht waren. Hier haben wir wunderschöne historische Stätten besichtigt und konnten im Kino an der Motlaubrücke Max Schmeling beim Boxkampf gegen Joe Louis sehen. Für die Besichtigung der Marienkirche blieb keine Zeit. Wir zogen weiter durch Oliva in Richtung Zoppot, staunten hier über die großräumigen Straßenbahnwagen, die uns schon in Königsberg aufgefallen waren und die durch eine Allee in der Straßenmitte an uns vorbeifuhren.

Planmäßig nahm uns dann der Seedienst Ostpreußen wieder mit zurück nach Warnemünde. Die letzte Nacht mußten wir im Heck des Schiffes direkt über der Schiffsschraube verbringen. Wegen des Lärms war an Schlaf kaum zu denken. Nach genau drei Wochen, pünktlich am 28. Juli 1936, nahmen mich meine Eltern am Kai der Warnow-Durchfahrt des Warnemünder Hafens wieder in Empfang. Die körperliche Erschöpfung war so groß, daß ich zu Hause 24 Stunden durchschlief, ohne aufzuwachen. Doch die Begeisterung über diesen gelungenen Marsch und die vielen Eindrücke bleiben mein Leben lang erhalten.

Aus: „Heil Hitler, Herr Lehrer!", Reihe ZEITGUT, Band 13.

[Brüssow, Uckermark;
1936]

Ursula Meier-Limberg

Mein Freund Klaus

Mit zwölf Jahren hatte ich meinen ersten Freund. Er hieß Klaus und kam jeden Sommer in den Ferien aus Berlin zu seiner Tante Mieze. Sie war Mutters Freundin, deshalb nannte auch ich sie Tante. Klaus war wie ich eine Wasserratte. Und so zogen wir jeden Tag mit Badetasche und einem Paket Butterbrote an den Großen Brüssower See.

Klaus war anders als meine alten Schulkameraden. Er konnte und wußte alles, er neckte mich nicht, er zog nicht an meinen Zöpfen, und er dümpelte mich nie im Wasser. Er sagte auch nie zu mir: „Du bist doof." Er ging schon fünf Jahre aufs Gymnasium. Meine Umschulung aufs Lyzeum in Prenzlau hatte wegen Großmutters Tod nicht stattgefunden, denn ich hatte ja bei ihr wohnen sollen.

Klaus machte mich auf viele schöne Dinge aufmerksam. So sah ich unseren See plötzlich mit ganz anderen Augen. Jeden Tag hatte er ein anderes Gesicht. Mal war er tiefgrün, mal grau, dann wieder schwarz und unheimlich. Manchmal meinten wir, auf dem Grund funkelnde Edelsteine zu erkennen. Wenn wir morgens sehr früh zum Schwimmen gingen und erst wenige Menschen am See waren, konnten wir hören, wie das Wasser rauschte und beim Aufschlag der Wellen an den Laufsteg gluckste.

„Hörst du", sagte dann Klaus, „jetzt will der See mit uns sprechen."

Sommer 1936:
Das bin ich nach
dem Schwimmen
im Bademantel.
Ich war ebenso wie
mein Freund Klaus
eine Wasserratte.

Manchmal spielten wir Wolkenbildersuchen und freuten uns, wenn jeder dasselbe Bild sah.

Wir schwammen fast jeden Tag über den See. Das war weit und dauerte fast 45 Minuten. Zurück liefen wir meistens durch den Park. Wenn wir Glück hatten, nahm uns auch schon mal der Fischer mit seinem Kahn mit. Dann bekam ich einen Kranz aus Seerosen, denn schwimmend konnten wir sie nicht erreichen, da es zu gefährlich war, sich in ihnen zu verfangen. Es gab nichts, was unsere Harmonie störte. Wir waren mit allem in Einklang.

Doch dann geschah etwas Unfaßbares. Klaus wurde an einem wunderschönen, sonnigen Tag mit großem Gebrüll aus der Badeanstalt geworfen. „Du Judenlümmel hast hier nichts zu suchen!"

Ich verstand überhaupt nichts. Was war hier los? Wieso „Judenlümmel"?

Ich schrie zurück: „Er hat euch doch nichts getan!"

Klaus nahm seine Sachen und ging, ohne ein Wort zu erwidern. Außerhalb der Badeanstalt setzte er sich auf die Wiese, den Kopf in beide Hände gestützt. Dann beschimpfte man mich, daß ich als deutsches Mädchen mich „mit so einem" abgebe.

Ich lief zu Klaus, setzte mich zu ihm ins Gras und wußte nicht, was ich machen sollte. Am liebsten hätte ich ihn in den Arm genommen. Aber die Scheu vor solcher Zärtlichkeit war zu groß. Schließlich gingen wir nach Hause – Hand in Hand, zum ersten Mal.

Am nächsten Tag war Klaus abgereist.

Der Große Brüssower See, über den wir in den Sommerferien fast täglich schwammen. Die Zöpfe steckten unter Badekappen. Die in der Mitte (Kreuz) bin ich zusammen mit Schulfreundinnen.

Wenig später stand im „Stürmer", der verrufensten Zeitung der Nazis: „Ein deutsches Mädchen, U. L., schwamm mit einem Judenlümmel über den Brüssower Großen See."

Dies war der erste Schatten, der auf mein junges und bisher unbeschwertes Leben fiel.

Vater konnte mir auch nicht erklären, was ein Jude sei. Ich solle dem lieben Gott danken, daß ich keine Jüdin sei, und ihn bitten, Klaus beizustehen. Ich erfuhr dann, daß Klaus einen jüdischen Vater hatte, seine Mutter aus Brüssow, unserem Heimatort, stammte und Christin war.

Ich verstand das alles nicht. Ich fragte immer wieder, aber ich hatte den Eindruck, daß niemand so recht wußte, was ein Jude sei. Ich hörte immer nur, die seien eben anders. Sie seien schuld am Ersten Weltkrieg gewesen, sie seien schuld an der Arbeitslosigkeit und so weiter. Vater meinte, daß es immer noch Menschen gebe, die den Juden böse seien, weil diese Jesus Christus gekreuzigt hätten.

„Ja, aber das ist doch so lange her, damit hat Klaus doch nichts mehr zu tun!" warf ich ein.

Mit diesem traurigem Erlebnis ging meine wunderschöne Kindheit zu Ende. Kurz darauf kam ich auf eine weiterführende Schule und war nur noch in den Ferien zu Hause. Die Sehnsucht nach meinem kleinen Heimatort und die Erinnerung an Klaus sind bis heute geblieben.

Aus: „Pimpfe, Mädels & andere Kinder", Reihe ZEITGUT, Band 4.

[Schwerin, Mecklenburg;
1936–1938]

Claus Cammann

Mein zweites Zuhause – der R.C. Obotrit

Meine ersten Lebensjahre – ich bin Jahrgang 1932 – verbrachte ich in Schwerin, der Stadt der sieben Seen und der Hauptstadt Mecklenburgs. Es waren unbeschwerte, fröhliche Jahre, die mein zwei Jahre älterer Bruder Peter und ich bis 1938 hier verbrachten. Alle Sorgen hielten unsere fürsorglichen Eltern von uns fern, denn dafür waren wir einfach noch zu klein.

Ich kann mich noch genau an das wuchtige Schloß mit seinen vielen Türmen erinnern, den großräumigen Marstall mit dem Theater – für Künstler das Sprungbrett nach Berlin – und dem Museum, den Pfaffenteich, den Dom, die Pauls- und die Schelfkirche und die vielen soliden Bürgerhäuser.

Und natürlich denke ich oft an den großen Schweriner See, den damals neben unzähligen Segel- und Ruderbooten eine Flotte weißer Dampfschiffe befuhr, nur eines war dunkelbraun. Hinter dem Marstall, einen kleinen, gewundenen Weg an einer Wiese entlang, lag das Bootshaus des R.C. Obotrit. Der Bootsklub wurde, wie ich glaube, 1880 gegründet und war ein Mittelpunkt meiner Kindheit.

Dieses Bootshaus, ein fast reiner Holzbau, war auf Pfählen direkt in das Wasser hineingebaut. Betreten konnte man es nur über einen Holzsteg. Links befand sich das eigentliche Bootshaus mit seinen drei Bootshallen, dem Gesellschaftsraum und Vorstandszimmer, rechts das Damenbootshaus, damals streng getrennt von den Herren. Es wurde „bewacht" von einem kleinen Türmchen mit einem geschwungenen, spitzauslaufenden Dach – ein richtiger Appendix, dem Gesamtbau später angefügt. Turm und Dach bestanden schon aus Steinen. Rings um das ganze Gebäude zog sich eine großzügige, breite Veranda herum, auf der man im Sommer herrlich draußen sitzen konnte. Zur Seeseite luden zwei lange Bootsstege ein, die Ruderboote zu Wasser zu lassen und sich der löblichen körperlichen Anstrengung des Ruderns zu unterziehen. Auf der linken Seite bildete ein kleines Ra-

Das Rudern hat in Schwerin eine lange Tradition. Der R.C. Obotritt wurde um 1880 gegründet. Im Hintergrund ist das Schweriner Schloß zu sehen.

senstück, das vorwitzig von der Wiese in den See hineinragte, den Abschluß des Klubgeländes. Hier standen weitere Tische oder auch Liegestühle für die Klubmitglieder, die sich nach getaner Arbeit der Siesta hinzugeben pflegten.

Meine Eltern waren begeisterte Ruderer und schon lange Klubmitglieder. Sie verbrachten fast ihre gesamte Freizeit

*Das Bootshaus
des R.C. Obotritt
von der Wasserseite
um 1935.*

im Verein und nahmen uns Kinder von klein auf mit. Soweit
ich mich erinnere, waren mein Bruder und ich von Frühjahr
bis Herbst fast ausschließlich auf dem Klubgelände zu finden. Winterzeit, gab es die überhaupt?

Wenn, dann aber nur zu Weihnachten!

„Halt, hiergeblieben, junger Mann!" – Dumpf drangen diese Worte meines Vaters in mein Hirn. Dann hatte er mich
am rechten Bein in die Höhe gerissen, und so hing ich denn,
patschnaß aus allen Kleidern triefend, gerettet an seinem
Arm. Was war geschehen?

Die Wellen eines gerade vorbeifahrenden Dampfers waren
zwischen den schräg zum See abfallenden Bohlen des Boots-
steges emporgespritzt und hatten die unteren Bretter naß
und glitschig gemacht. Neugierig, wie ein Knirps von vier
Jahren nun mal ist, ging ich an den Rand des Steges. Machte
es nicht einen Riesenspaß, sich in den Wellen spiegeln zu
sehen, das Gesicht mal lang und schmal, dann wieder breit
und dick? Natürlich ging ich zu weit nach vorn, rutschte aus
und platsch! landete ich kopfüber im See. Nur die geistesge-
genwärtige Reaktion meines Vaters, der in der Nähe stand,

bewahrte mich vor Schlimmerem. Seltsam, noch heute sehe ich ihn vor mir, den grünlichen See von unten, erhellt durch die gelben Strahlen einer nimmermüden Sommersonne, die schräg auf das Wasser schien. Es gibt wohl Erinnerungen, die nie verblassen. Für die Gefahr, in der ich schwebte, hatte ich noch kein Gefühl. Es war ja alles gutgegangen!

Als ich wenig später meiner Mutter und vor allem meiner Großmutter von diesem Erlebnis erzählen sollte, nicht ganz chronologisch und ein wenig wirr, platzte es aus mir heraus: „Omi, meine Schuhe waren aber ganz blank geworden!"

Kurze Zeit danach, im gleichen Sommer, durfte ich zum ersten Mal als „Kielschwein" bei meinen Eltern mitfahren, während Peter schon stolz am Steuer saß. Wissen Sie, was ein Kielschwein ist?

Man sitzt vorn im Boot, direkt auf dem Abdeckbrett über dem Kiel, daher der Ausdruck. Wir fuhren im „Freiweg", einem schnellen, schlanken Gig-Doppelzweier, Richtung Kaninchenwerder, einer Insel im Schweriner See.

„Hast du Angst, dir vielleicht den Hintern naßzumachen?" hatte mein Vater gefragt und dabei gegrient. Ich hatte na-

Mein Bruder Peter und ich, links, vor dem Bootshaus des R.C. Obotritt 1937. Unsere Eltern nahmen uns von klein auf mit zum Rudern.

türlich keine, und so kam ich mit. Welch herrliches Gefühl, mit diesem schnellen Schiff über das Wasser zu rauschen!

Mit jedem Schlag, den meine Eltern kräftig anzogen, flitzte das Boot dahin; das Wasser zischte und gluckste unter dem Kiel, und ich, unterhalb der Wasserlinie sitzend, genoß den Rausch der Geschwindigkeit.

Die Gleichmäßigkeit des Ruderns, nicht in erster Linie der Krafteinsatz, ist entscheidend, wenn solch ein schlankes Schiff, das empfindlich auf jede Unregelmäßigkeit reagiert, schnell über das Wasser gleiten soll. Das Übrige tun ein blauer Himmel mit einigen weißen Wolken durchsetzt, eine bisweilen frische, kühlende Brise und ein nur mäßig bewegter See. Ich war hellauf begeistert!

An der Insel angekommen, brachte Peter ein befriedigendes Anlegemanöver zuwege. Wir genossen den Sommernachmittag mit einem kurzen Spaziergang, Kaffeetrinken im Freien und dem obligatorischen Eis. Vorsichtig fühlte ich an meinen Hosenboden, der natürlich etwas feucht geworden war – von außen selbstverständlich. Denn jedes Boot „zieht" ein wenig Wasser. Doch beachtete ich diese kleine Unannehmlichkeit nicht weiter, war ich doch zu froh, daß ich überhaupt hatte mitkommen dürfen.

Dann ging es auf demselben Wege heim. Meine Eltern brachten das Boot an seinen Platz, duschten, und es gab Abendbrot auf der Terrasse mit dem Blick auf den im Abenddämmerschein dunkler werdenden See. Wir wünschten alle, daß dieser märchenhafte Sommer nie ein Ende finden möge.

„Mensch, mehr Steuerbord, los, los!" – Es war mein Bruder Peter, der so schrie. Ich gehorchte sofort und legte mich kräftig in die Riemen, bis das Boot wieder einschwenkte und Kurs auf das Bootshaus nahm.

„So, jetzt wieder zusammen!" – Peter hatte das Kommando übernommen. Fragen nach der Hierarchie an Bord kamen nicht auf, er war ja zwei Jahre älter. Außerdem hatte er recht. Das Boot lief jetzt wieder geradeaus, aus dem Schilf-gürtel heraus über den kabbelig gewordenen offenen See. Ein plötzlich aufkommender Sturm hatte das Wasser aufgewühlt, wir zwei kleinen Burschen mußten mit aller Kraft dagegen ankämpfen. Der Schweriner See gilt zu recht als tückisch. Ein Bild zweier Ruderkameraden im Vorstandszimmer des Klubs erinnerte daran. Sie waren in einem Sturm gekentert und ertrunken, weil sie nicht rechtzeitig vor einem Unwet-ter eine schützende Bucht erreicht hatten. Warnende Stim-men zuvor hatten sie zu leicht genommen.

Doch an solche Gefahren dachten wir natürlich nicht. Der Klubvorstand und unsere Eltern hatten uns erlaubt, mit den sogenannten passiven Booten unterwegs zu sein, breiten, „gutmütigen" Kähnen ohne Rollsitz, mit festen Bänken. Un-sere Rudertüchtigkeit hatten wir vorher unter Beweis stel-len müssen, nach etlichen Übungsstunden, versteht sich.

„Jetzt läuft der Kahn, weiter so!"

Peter war mit unserer Fahrt zufrieden.

„Ich zieh', soviel ich kann!" keuchte ich und stemmte mich mit aller Kraft in den Riemen, mußte ich doch mehr tun als Peter, der naturgemäß schon kräftiger war.

Der Bug des Bootes hob und senkte sich, klatschte manch-mal kräftig auf den See, wenn wir eine Welle überwunden hatten. Pitsch, ein Sprühregen kalten Wassers spritzte über meinen Rücken, der ich vorne saß; Unannehmlichkeiten die-ser Art nahmen wir hin. Doch wir schafften es!

Unsere Eltern hatten vom Steg aus unsere Bemühungen beobachtet, erst besorgt und auslaufbereit, um zu helfen, dann sehr stolz, als sie sahen, wie wir mit dem Wasser fertig wurden.

„Steuerbord voraus, stop, jetzt ein bißchen backbord, dann Ruder halt!" Peter kommandierte selbstbewußt, und wir lie-fen sicher in den überdeckten Bootsschuppen ein. Wir mach-ten das Boot fest, sprangen auf den Steg, ein wenig atemlos und erschöpft.

Unsere Eltern begrüßten uns stürmisch. Je eine Schokoladenstange für einen Groschen durften wir uns als verdienten Lohn kaufen. Stolz wie die Spanier bissen wir hinein, denn wir hatten bei unruhigem Wetter unsere Bootstauglichkcit bcwiooon.

„Der R.C. Obotrit geht in Führung ..., gewinnt die Spitze, baut sie noch aus!" – Die Stimme des Reporters aus dem Lautsprecher hob sich, überschlug sich fast: „Jetzt noch die letzten Meter, R.C. Obotrit ist Deutscher Meister, hurra ... Glückwunsch!"
Jubelnd klatschten wir Beifall. Wir, die Klubkameraden, hatten alle auf der Terrasse gesessen und voller Spannung diese Regatta verfolgt. Unser Damen-Doppel-Vierer war soeben Deutscher Meister 1937 geworden!
Für einen so kleinen Verein wie unseren Schweriner R.C. Obotrit das herausragende Ereignis dieser Jahre. Als dann zu Ehren der frischgebackenen Deutschen Meister das Deutschlandlied gespielt wurde, erhoben sich alle spontan von den Plätzen und sangen begeistert mit. Freude und Stolz spiegelte sich in dieser Geste über den sportlichen Erfolg unserer Mannschaft wieder. Eine Deutsche Meisterschaft war zu der Zeit das höchste Ziel eines jeden Rennruderers.
„Phantastisch, herzlichen Glückwunsch!"
„Prost auf unsere tüchtigen Mädchen!"
So hörte man es auf der Terrasse, Gläser klangen, an diesem Juliabend wurde bis in die Nacht gefeiert.
Nur wenige Tage danach erreichte uns wieder die Wirklichkeit: Der Ruderklub durfte sich nicht länger „R.C. Obotrit" nennen. Weil die Obotriten Slawen waren? Klang der Name zuwenig „deutsch"? Zwangsweise wurde der Verein in „Ruderkameradschaft Schwerin" umgetauft. Auf Regatten erklang nun statt des langgezogenen „O-bo-trit" der abgehackte Schlachtruf „Ru-Ka!" Welche Gängelung! Klar, daß ich das damals nicht verstand.

Jäh gingen diese Jahre unbeschwerter Kindheit zu Ende: Mein Vater wurde Anfang 1938 beruflich nach Hamburg versetzt. Schweren Herzens nahm er Abschied vom geliebten Schwerin und besonders von seinem Ruderklub, meine Mutter weinte herzzerreißend. – Erst später wurde uns klar, welch gütiges Geschick uns durch diesen Wechsel zuteil wurde. Es ersparte uns, vor allem auch mir, vierzig Jahre Leben unter kommunistischer Diktatur.

Abenteuerlicher, aber auch gefährlicher sollten die Zeiten ab Kriegsbeginn für uns werden, als ich schon Mitglied im Deutschen Jungvolk war: die Bombennächte in Hamburg, Angriffe von Tieffliegern, die Kinderlandverschickung nach Uelzen in der Lüneburger Heide, das Kriegsende, die Verhaftung meines Vaters und die Hungerzeit bis zur Währungsreform. Die Stadt war zerstört, aber wir blieben in Hamburg.

Kurz nach der Währungsreform 1948 besuchte ich meine

Dem Rudern bin ich auch nach unserem Umzug nach Hamburg treugeblieben, hier als Zweiter von rechts bei einer Ruderfahrt im Sommer 1949 auf den Holsteinischen Seen.

Das Bild zeigt mich als Dritter von vorn nach dem Sieg im Achter bei einer Regatta in Duisburg 1952.

alte Heimatstadt Schwerin wieder. Das Bootshaus hinter der Moorwiese fand ich nicht mehr: Es war im Laufe der Zeit buchstäblich bis auf die tragenden Bohlen abgeholzt worden. Nur einen Gedenkstein fand ich noch, dort, wo der Eingangssteg gelegen hatte, ein Gedenkstein für die Gefallenen des Klubs aus dem Ersten Weltkrieg. Er hatte alle politischen Veränderungen überstanden. Erinnerung an die Toten des letzten Krieges suchte ich vergeblich: hatte es keine Gefallenen gegeben? Waren sie weniger wert als die von 1914 bis 1918 oder war es dafür einfach noch zu früh?

Still saß ich auf einer Bank vor dem Gedenkstein und erinnerte mich meiner frühen Kindheit. Ich dachte vor allem an meine Eltern, die hier so gerne fröhlich gelacht hatten.

Aus: „Pimpfe, Mädels & andere Kinder", Reihe ZEITGUT, Band 4.

[Reinharz, Sachsen-Anhalt – Berlin –
Prenzlau, Uckermark;
September 1937]

Helmar Stühmer

Abstecher in die große Welt

Reisen bildet sagt man. In der großen Welt geschah manches, wovon unser abgelegenes Heimatdorf gar nicht berührt wurde.

In jedem Jahr einmal fuhren wir in die Uckermark. Bereits Tage vor den Herbstferien fieberten Mutti und Vater ihrer Heimat, ich selbst der Eisenbahnfahrt schlechthin entgegen. Was erwartete uns unterwegs? Was gab es in der großen Stadt Berlin zu sehen?

Rund hundert Kilometer weit brachte uns der Zug erst einmal in die Reichshauptstadt. Meist nahmen wir eine längere Reisezeit in Kauf und sparten das Geld für den Schnellzugzuschlag. Einmal doch den D-Zug nutzend, war Vater mit mir neugierigen Buben von Wagen zu Wagen gegangen und hatte mir die gepolsterten Sitze in der Zweiten Klasse und die noblen in der Ersten gezeigt. Am Speisewagen verwehrte eine Glastür den weiteren Weg. Wir sahen, wie feine Herrschaften während ihrer Reise speisten. Wir selbst begnügten uns unterwegs mit den Holzbänken in der Dritten Klasse – hier bezahlte man nur vier Pfennige je Kilometer – und mit hausgemachten Reisestullen und Tee aus der Thermosflasche. Vater spendierte höchstens ein preiswertes Essen bei Aschinger in Berlin. Deren Spezialität, Erbsen mit Speck, war dort für 90 Pfennige zu haben, und die Brötchen standen auf jedem Tisch zum kostenlosen Verzehr.

Der Anhalter Bahnhof 1937 in Berlin-Kreuzberg. Zur Weiterfahrt nach Prenzlau mußten wir hier mit unserem Gepäck in die Straßenbahn umsteigen und zum Stettiner Bahnhof fahren.

Ob wir noch einmal durch Karstadt bummeln? Oder besuchen wir den Onkel in Charlottenburg?

Einmal bemerkte ich auf dem Anhalter Bahnhof zwei Männer, die sich nach Ankunft unseres Zuges abseits vom Menschenstrom an die Mauer drückten. Schwarze Hüte, dunkle Vollbärte und lange Mäntel hoben sie von den übrigen Reisenden ab, zumal sie jeder Berührung mit anderen Leuten aus dem Wege gingen. Ein leuchtend gelber sechszackiger Stern auf ihrer Brust brachte die Neugier des Dorfjungen zum Übersprudeln. Entgegen meinen bisherigen Erfahrung trugen sie eine Art Orden ohne Uniform dazu. Meine im Gedränge der Reisenden etwas laut geratene Frage erhielt eine unerwartet barsche und kurze Antwort: „Das sind Juden, mein Junge. Komm, wir haben es eilig!"

Wir liefen in Richtung Treppe, die zu der neuen S-Bahn hinunterführte. Ich drehte mich noch einmal um, aber da waren die Männer schon verschwunden. Waren das überhaupt Deutsche? Was machten sie hier?

Ganz gegen ihre Gewohnheit machten meine Eltern keine weitere Bemerkung dazu, hier nicht und auch später niemals. Die heranzischende Leuchtschlange S-Bahn schnitt das Thema an diesem Tage endgültig ab.

Durch den dunklen Untergrund der Reichshauptstadt sausten wir mit der ohne besondere Fahrkarte zum Stettiner Bahnhof und benötigten nicht einmal zehn Minuten für eine Strecke, die früher mit der Straßenbahn aufwendiger und bedeutend länger war*). Der Reiz des Neuen in der Reichshauptstadt – Bahnstrecken, Bauwerke, Autobahnen, Flugzeuge – kehrte jedesmal den Stolz hervor, der deutschen Volksgemeinschaft anzugehören. Alles war nun groß und schön geworden, vor allem besser als vor der Machtergreifung der Nazis; alles wurde immer noch größer und noch schöner. Das hörte ich von den Erwachsenen immer wieder.

Die langwierige Zottelei früher über den Potsdamer Platz und durch die Wilhelmstraße bot allerdings mehr Erlebnisse. Als Ende September 1937 der Besuch des italienischen Führers Mussolini in der Reichshauptstadt anstand, bestaunten wir fahnengeschmückte Tribünen vor den protzigen neuen Regierungsgebäuden. Nach uns fuhren Hitler und Mussolini durch eine überaus festlich geschmückte Hauptstadt wie auf einem altrömischen Triumphzug. Riesige Pylonen

---

*) Viele Jahre bildeten die Kopfbahnhöfe Berlins einen scheinbar unüberwindbaren Stau für den Fernbahn-Durchgangsverkehr. Die als erste durchgehende Ost-West-Verbindung Ende des 19. Jahrhunderts errichtete Stadtbahn verband die Bahnhöfe Charlottenburg, Friedrichstraße und den Schlesischen Bahnhof miteinander. Die ebenso notwendige Nord-Süd-Verbindung zwischen Stettiner, Lehrter und Hamburger Bahnhof im Norden und Anhalter und Potsdamer Bahnhof im Süden wurde erst am 9. Oktober 1939 fertiggestellt. Die Reisenden konnten fortan zur Weiterfahrt die neue unterirdische S-Bahn-Strecke nutzen.

mit preußisch-deutschen Adlern, Hakenkreuzen und faschistischen Liktorenbündeln säumten die Allee zum Brandenburger Tor. In der Wilhelmstraße flatterten deutsche und italienische Fahnen wie Wellen über einem Meer von Menschen, die den beiden Führern begeistert zujubelten.

Für uns bestand die Begeisterung an diesem Tage in zahlreichen Kolonnen uniformierter Marschierer, mit und ohne Musik, die unserer Elektrischen dauernd den Weg versperrten. Die Zeit bis zum Anschlußzug nach Prenzlau wurde knapp. Mutti erwog bereits auszusteigen – weniger vom Uniformenglanz und Fahnenpomp überwältigt als aus reiner Neugier – um den hohen Staatsgast selbst zu sehen, zu begrüßen und ihm zuzujubeln. Vater lehnte das Ansinnen leise, aber umso nachdrücklicher ab: „Wenn wir nach Berlin kommen, begrüßt uns der Führer auch nicht!" – sprach's, stieg beim nächsten Zwangshalt der Bahn einfach doch mit uns aus. Wir liefen den Rest der kurzen Strecke zu Fuß und erreichten unseren Zug nach Prenzlau in letzter Minute.

Aus der noch unveröffentlichten Biografie von Helmar Stühmer
„Diener dreier Herren".

[Böhringen, Schwäbische Alb, Württemberg;
1938]

Gisela Schoon

Als „Ferienkind" in Württemberg

Der Omnibus war vollbesetzt. Wir kamen alle aus dem Nordosten Deutschlands. Hinter uns lag die nächtliche Bahnfahrt. Jetzt saßen wir völlig übermüdet, aber aufgeregt im Bus, der uns zu unseren württembergischen Gastfamilien bringen sollte. Kinderlandverschickung hieß das damals. Erwartungsvoll und etwas bange sah ich dem entgegen, was da auf mich zukommen würde. Ich war zwölf Jahre alt und stammte aus Konikow, Kreis Köslin, in Pommern. Nie zuvor war ich von zu Hause so weit fort gewesen.

Der Bus hielt, ein freundliches Gesicht schaute herein: „Ich nehme das Mädel, dem dieser Koffer hier gehört!" übertönte eine klare Stimme das Getuschel ringsum. Mein Name und meine Adresse wurden aufgerufen.

„Ich! Das bin ja ich!" Erschrocken stolperte ich in Richtung Ausstieg. Eine stattliche Frau lächelte mir aufmunternd zu und nahm mich herzlich in die Arme. Sie führte mich durch einen Park einem Schloß entgegen. Mein Herz klopfte zum Zerspringen. Sollte ich wirklich in diesem prachtvollen Märchenschloß wohnen? Konnte das wahr sein? Auf dem Schild, das ich um den Hals trug, stand doch „Bürgermeister Rau, Böhringen" geschrieben.

Beklommen stieg ich die steinernen Stufen des Portals empor. Ein großer, fürstlicher Herr reichte mir kühl die Hand. Ich wurde dem Vater der Gutsherrin vorgestellt. Fasziniert schaute ich in der Empfangshalle auf das überlebensgroße Gemälde, auf dem er, wie ich später erfuhr, als junger Hofmarschall in prachtvoller blau-goldener Uniform abgebildet war. Breite Eichentreppen führten in die Salons und in die ehrfurchtgebietende Bibliothek. Die zahlreichen großen, in Gold gerahmten Gemälde der Familie und ihrer Vorfahren beeindruckten mich stärker als die erlesenen Möbel und Teppiche in den hohen Räumen. Mein Zimmer lag im obersten Stock. Ich sollte mich erst einmal ausruhen.

„Zum Abendessen um 18 Uhr ruft ein Gong." Die Anordnung noch im Ohr, legte ich mich erst einmal aufs Bett. Den Gong würde ich schon hören.

Als ich erwachte, sah ich auf dem Nachttisch ein riesiges Butterbrot und ein Glas Milch. Ich stand auf und trat neugierig ans Fenster. Von dort hatte man einen sehr schönen Ausblick zum Schloßpark. Durch die Baumkronen hindurch

Ein langgehegter Wunsch ging endlich in Erfüllung. Nach fast 60 Jahren gab es ein Wiedersehen mit Schloß Aglishardt, wo ich als Zwölfjährige im Sommer 1938 unvergeßliche Ferien verlebte.

entdeckte ich an einem Giebel eine große Uhr mit grünem Ziffernblatt. Die goldenen Zeiger standen auf 6 Uhr! So schnell ich konnte, tastete ich mich am Geländer die vielen Treppen hinunter. Es war alles so finster und fremd. Das Knarren der Treppenstufen verstärkte meine Furcht.

„Bischt di Gischela? Wo willscht denn hi? Stehst immer so früh auf? D'Herrschafte schlafe noch." – Eine junge, blonde Frau schaute mich verständnislos an und nahm mich mit in die Küche. „Schlafwandelscht?" – Mir wurde mit einem Schlag klar, ich hatte den Rest des gestrigen Tages und die Nacht durchgeschlafen. Es war 6 Uhr in der Früh.

Es folgten sechs wundervolle Ferienwochen. Baronin von Vischer war warmherzig und eine Frohnatur. Immer wieder versicherte sie mir, wie sie sich freue, mir, dem Kind vom flachen Land, die Berge zu zeigen, beeindruckende Wasserfälle und unheimliche Grotten. Wir besuchten alte Städte und Burgen. Sie überließ mir ihre Kinderbibliothek, die in einem Erkerzimmer untergebracht war, zur freien Verfügung. Welch eine Wonne für eine Leseratte wie mich!

Ihr Vater flößte mir Respekt ein. Er stand dem „Ferienkind" wohl skeptisch gegenüber und wollte auf keinen Fall in seinem Tagesablauf gestört werden. Als ich am ersten Nachmittag vom Gong zum 5 Uhr-Tee gerufen wurde, hörte ich durch die geöffnete Tür Stimmen: „Warum kann sie denn nicht pünktlich sein?"...

„Vater, sie beeilt sich doch, ich höre sie. Schneller kann sie die vielen Treppen von oben nicht schaffen."

Ich las Unmut in seinem Blick. Fortan fand ich mich immer eine Viertelstunde vor der Zeit im Salon ein und setzte mich still wartend auf einen Stuhl neben der Tür.

Der anfangs so zurückhaltende Herr Hofmarschall wurde mir gegenüber zunehmend freundlicher. Ja, er überließ mir sogar den Triumph, beim Halma-Spiel zu gewinnen.

Aus: „Pimpfe, Mädels & andere Kinder", Reihe ZEITGUT, Band 4.

[Schmolz*) bei Breslau, Schlesien;
1939]

Hans-Heinrich Vogt

Frust und Baldrian

Mit „Mundus vult decipi" brachte uns ein wackerer Latein-
lehrer bei, daß die Welt betrogen werden will. Dazu lieferte
mein Vater die Dokumentation – in bester Absicht freilich,
und ich denke noch heute dankbar daran, wie sich mein Vater mühte, uns zwei aufgeweckte Rangen im langweiligen
Sommerurlaub zu beschäftigen. Meine Schwester und ich
hatten das Gebirgsdorf im schlesischen Bergland schon von
vorn bis hinten erkundet, alle Pferde gefüttert, alle Hunde
geneckt, jeden Bach durchwatet. Was sollten wir noch tun?
Mein Vater hatte eine Idee: „Wie wäre es, wenn ihr ein
bißchen durch Wald und Feld streifen und Baldrian suchen
würdet? Baldrianwurzeln braucht man, um daraus ein Be-
ruhigungsmittel herzustellen, doch es gibt nicht genug Leute, die die Wurzeln ausgraben und zum Apotheker tragen.
Ich habe gerade den hiesigen Apotheker gesprochen; er sucht
dringend Baldrianwurzeln. Wollt ihr euch nicht ein paar Pfennige verdienen und auf die Suche gehen? Es gibt eine Mark
fürs Kilogramm Wurzeln!"
Meine Schwester und ich schauten uns an. Wenn die Langeweile noch weiter um sich griff, würden wir annehmen.
Das wußten wir beide.
Am nächsten Tag war es soweit. Seufzend zogen wir mit

---

*) heute Smolec in Polen

Hacke und Schaufel aus und fahndeten nach Baldrianwurzeln. Es war gar nicht so einfach, sie zu finden, und noch viel aufwendiger, wägbare Mengen davon zu erwirtschaften. Nun, seit jener Zeit weiß ich, wie langsam ein Naturprodukt zu einem Kilogramm heranwächst, weiß auch zu schätzen, welche Arbeit Baumwollpflücker und Teezupfer auf sich nehmen. Der Triumph kam am Tag, als wir den Apotheker das Säckchen mit den sauberen Baldrianwurzeln auf den Tisch legen konnten.

„Tadellose Ware, wirklich. Und ich brauche sie dringend."
Die Waage zeigte fast akkurat ein Kilogramm.

„Ich bin nicht kleinlich", meinte der Mann im weißen Kittel, „es fehlen ein paar Gramm, aber sei's drum. Hier habt ihr eine Mark, die euch gehört."

Wir zogen ab in dem Bewußtsein, dem Apotheker einen Dienst erwiesen zu haben, weil er Baldrian brauchte. Da war aber auch das erhebende Gefühl, mit ehrlicher Arbeit zu Geld gekommen zu sein.

Ehrlich war's, aber nicht von Vaters Seite. Viel, viel später hat er meiner Schwester und mir gestanden, daß die Sorge um die Behebung der Langeweile, die uns plagte, ihn zu einer List greifen ließ. Er war mit dem Apotheker des Urlaubsortes ins Gespräch gekommen: Die Mark, die uns der Heilkräuterexperte in die Hand drückte, hatte er zuvor augenzwinkernd von unserem Vater eingesteckt!

So war allen geholfen: Wir waren beschäftigt, verdienten Geld, sonnten uns im Glorienschein einer guten Tat, unsere Eltern ersparten sich quengelnde Kinder, und dem Apotheker mag es Spaß gemacht haben, das Spielchen zu inszenieren. Daß unsere Baldrianwurzeln alsbald achtlos im Müll landeten, hat uns freilich noch viel später sehr gewurmt und blieb als Lehre präsent: Die Welt will betrogen sein – und sei es auch nur im Interesse eines harmonischen Urlaubs.

Aus: „Heil Hitler, Herr Lehrer!", Reihe ZEITGUT, Band 13.

[Hemer, Märkischer Kreis – Bad Sassendorf, Kreis Soest,
Nordrhein-Westfalen;
Sommer 1939]

Hermann-Josef Geismann

Unser Fräulein Hedwig

Ich war damals neun Jahre alt. Wie in jedem Jahr wurde im Frühjahr der Urlaub geplant. Meine Eltern wollten im Schwarzwald Ferien machen und meldeten sich in einem Hotel in Herrenalb an. Mein Bruder Hans und ich sollten während dieser Zeit in ein Kinderkurheim für Jungen nach Bad Sassendorf. Vater meinte, daß das Solewasser uns gut tun würde. Wir sollten es trinken und darin baden. Das würde Erkältungen fernhalten. Die Adresse des Kinderheimes bekam Vater von unserem Hausarzt Dr. Nuttebaum, der gleichzeitig Chefarzt unseres Krankenhauses war.

An einem Samstag im Mai 1939 fuhr uns ein Freund Vaters, der ein Auto besaß, nach Bad Sassendorf, um uns anzumelden. Fräulein Hedwig, die uns später auch betreute, zeigte uns das Haus: den großen Speisesaal, die Schlafsäle, die Bäder. Hans, der im Januar 1939 schon zwölf Jahre alt geworden war, lästerte über die Baderäume. Es waren dunkle Keller mit Holzwannen. Fräulein Hedwig erklärte: „Holzwannen müssen es schon sein, weil es sich um Salzwasser handelt."

Vater bekam auf eine entsprechende Frage die Antwort: „Alle Jungen behalten ihr Badehöschen an und werden ständig beobachtet!" Zum Schluß der Besichtigung unterschrieb unser Vater einen Vertrag und bekam einen Zettel mit, auf dem Hinweise und Richtlinien standen. Unser Aufenthalt dort sollte sechs Wochen dauern, also die ganzen großen Ferien lang.

Zuhause wurden die Vorbereitungen zu unserem Kuraufenthalt getroffen: Mutter kaufte für uns Unterwäsche, Strümpfe und Badehosen. Alle Sachen mußten mit den Anfangsbuchstaben unserer Namen versehen werden. Abends saß Mutter auf dem Balkon und nähte Namensschildchen ein. Als Vater näher hinsah, meinte er zu ihr: „Trautchen, du hast alles falsch gemacht!"

„Wieso?" fragte Mutter. Meine Eltern waren damals schon 13 Jahre verheiratet. Mutter hatte dennoch falsche Namensschilder gekauft: statt H. G. und H. J. G. war sie nach ihrem Mädchennamen – Jansen – H. J. und H. J. J. gegangen. Sie mußte alle Stoffschildchen aus den Bündchen der Leibwäsche wieder heraustrennen, neue kaufen und einnähen.

„Wie konnte mir das nur passieren?" fragte sie sich.

Am dritten Ferientag fuhr uns Vaters Freund erneut nach Bad Sassendorf. Wenige Tage später reisten die Eltern nach Herrenalb. Sie blieben dort drei Wochen. Wir sollten ihnen erst eine Karte schreiben, wenn sie wieder zu Hause seien, hatten sie uns geraten. Die großen Ferien reichten damals bis in den September hinein.

Hans und ich, zum ersten Mal ohne Eltern verreist, fühlten uns wohl. Wir kannten kein Heimweh, auch dann nicht, wenn eine Karte der Eltern kam. Sie waren ja auch weit weg, im Schwarzwald. Wir fanden schnell Spielkameraden und machten ohne Murren das gesamte Programm mit. Der Tagesablauf war so: morgens um 6 Uhr wurden wir geweckt, es folgte ein langes Morgengebet, dann Baden, Ruhen, Frühstück. Vormittags wanderten wir, nach dem Mittagessen war wieder Ruhen angesagt. Später spielten wir meistens Fußball. Nach dem Abendessen mußten wir schon um 19 Uhr zu Bett. Dabei war es draußen doch noch hell. „Viel zu früh!" urteilten Hans und ich. Im Schlafsaal wurde, wenn Fräulein Hedwig nach dem Abendgebet gegangen war, lauter dummes Zeug gemacht. Die etwas älteren Jungen schliefen nie sofort ein. Sie krochen auf dem Fußboden von Bett zu Bett und erschreckten die kleinen. Einer holte ein Glas kaltes Wasser aus dem Baderaum und steckte die Hand eines schlafenden Jungen hinein. Dieser Streich verfehlte seine Wirkung nicht: Der auf diese Weise Gekühlte machte sein Bett naß. Das gab Ärger mit Fräulein Hedwig. Sie kannte solche Späße! Am anderen Morgen stellte sie alle im Saal zur Rede: „Das darf nie wieder vorkommen!" Wir richteten uns danach.

Während einer Wanderung durch die Soester Börde fragte ich Fräulein Hedwig neugierig, ob sie einen Mann hätte? „Nein, ich habe noch keinen Mann", antwortete sie, „aber einen Freund. Der studiert in Münster Medizin, aber jetzt mußte er zu den Soldaten!"

Wir Jungen waren von der Art unseres Fräuleins ganz begeistert. Zwar hatten im Heim die alten Nonnen das Sagen, aber sie war unser Liebling. Mein Bruder hatte schon für alle möglichen Anlässe Reime geschrieben. Hier dichtete er ein Marschlied, das wir alle kannten, zu Ehren von Fräulein Hedwig um. Wir schmetterten es mit großer Begeisterung immer wieder. Mir fällt leider nur noch der Refrain ein:

Hollahi, hollaho, mit dem Käppi auf dem Haar,
steht sie ganz verwegen da, hollahi, hollaha ...

Einmal wurde ich von einer Nonne in den Arm gekniffen, weil meine Ohren nach dem Baden nicht sauber waren. Beim Baden selbst war nur Fräulein Hedwig zugegen. Sie achtete darauf, daß wir uns nicht nackt sahen. Trotzdem passierte es. Es wurden dann dumme Bemerkungen gemacht.

Als eines Tages nach dem Fußballspielen aus irgendeinem Grund Fieber gemessen wurde, hatte mein Bruder 41°Celsius! Obwohl er entschieden meinte: „Ich bin doch nicht krank!" mußte er sofort ins Bett, sogar ohne Abendessen. Ich brachte ihm eine Schnitte mit Blutwurst in den Schlafsaal. Er war mir sehr dankbar. So trübten nur wenige Schatten unseren Kuraufenthalt, bis eines Tages mein Bruder Hans ziemlich aufgeregt mit der Nachricht auf den Spielplatz kam: „Es gibt Krieg!"

Ich fragte: „Woher weißt du das?"

„Als ich am Zaun war, hat es ein Mann zu mir gesagt!"

„Was sollen wir machen?"

„Ich schreibe ein Karte nach Hause!" beschloß Hans.

Als wir abends zu Bett gingen, war mein Bruder nicht da. Ich konnte nicht einschlafen. Ich wußte, daß wir das Haus nicht verlassen durften. Alle Karten und Briefe, die wir schrieben, wurden von den Nonnen gelesen. Ich betete: „Lieber Gott, gib, daß es meinem Bruder gelingt, die Post zu erreichen, die Karte zu schreiben, unsere Eltern zu benachrichtigen ... und gib bitte auch, daß er heil und ohne aufzufallen zurückkommt."

Er kam zurück. Mit Fräulein Hedwig! Sie blieb an seinem Bett stehen, bis er ausgezogen war, den Schlafanzug anhatte und ins Bett kroch. Als sie gegangen war, sah Hans, daß ich noch wach war. Er sprang aus seinem Bett und erzählte mir, daß er mit Hilfe von Fräulein Hedwig das Heim verlassen hätte. Sie beide hätten gewartet, bis die Nonnen sich zum Gebet versammelten, dann seien sie zur Post geeilt. Die Postkarte hätte er von Fräulein Hedwig bekommen. Er habe sie geschrieben und eingeworfen. Sie hätten Angst gehabt, daß sie bei der hellen Abendsonne gesehen werden könnten.

„Von wem denn?" fragte ich.

„Von einer Nonne oder so!" antwortete Hans.

„Und was hast du geschrieben?"

„Ich habe nicht geschrieben, daß es Krieg gibt, aber ich habe oben ein SOS-Zeichen gemalt und Vater gebeten, daß er uns abholen soll, andere Kinder würden auch abgeholt."

Ich fragte: „Woher weißt du das?"

„Fräulein Hedwig hat es mir gesagt!" Sie habe neben ihm gestanden, als er die Karte schrieb. Sie sei eben ein feiner Mensch!

Am Sonntag darauf gingen wir wie üblich zur Heiligen Messe. Eigentlich sollten alle Kinder nüchtern bleiben, weil viele während der Messe die Heilige Kommunion erhielten. Ich bekam sie noch nicht. Wenn ich nüchtern in die Kirche ging, wurde mir vom Weihrauch immer schlecht. Das war mir sogar gleich am ersten Sonntag passiert, ich mußte rausgehen. Mein Bruder bat dann, daß ich vor dem Kirchgang ein Butterbrot essen durfte. An diesem letzten Sonntag reichte mir eine Nonne ein doppeltes Schinkenbrot und meinte dabei: „Junge, bete heute besonders für den Frieden!"

Ich versprach es. Die gleichen Worte sagte sie dann noch einmal vor der ganzen Jungengruppe. Als wir zum Kinderheim zurückkamen, war ein Fotograf da. Wir alle mußten uns auf der Gartentreppe aufstellen, und es wurde ein Erinnerungsfoto gemacht, das uns Fräulein Hedwig später zuschickte. Vater klebte es in mein Fotoalbum.

Ein paar Tage später stand plötzlich unsere Mutter im Eingangsbereich des Kinderheimes. Ich rannte auf sie zu. „Mutter, was willst du denn hier?"

„Ich will euch abholen!"

„Warum denn?" fragte ich.

„Es gibt Krieg!" entgegnete sie ziemlich erregt.

„Gegen wen?" wollte ich wissen.

„Gegen Polen!"

Draußen stand Vaters Freund mit seinem Auto. Es folgte ein herzzerreißender Abschied von Fräulein Hedwig und ein kühler von den Nonnen. Fräulein Hedwig rief uns noch zu: „Schreibt mal, ich antworte bestimmt!"

Wir fuhren von Bad Sassendorf über Werl, Unna, Menden nach Hemer zurück. Wir sahen nirgendwo unterwegs Soldaten, erst an unserem Bahnhof, wo Militärfahrzeuge und Sol-

---

Linke Seite: Kinderkurheim Bad Sassendorf, 27. August 1939. Oben links steht Fräulein Hedwig, in der dritten Reihe von oben, ganz rechts, mein Bruder, daneben ich mit hellen, breiten Hosenträgern.

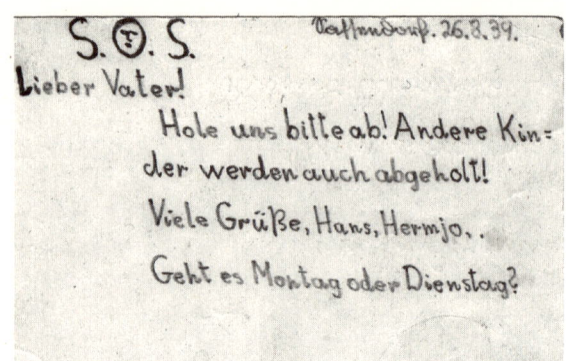

Der Hilferuf hatte gewirkt. Kurz darauf holte uns Mutter aus dem Kinder-kurheim ab. Vater hat die Postkarte später als wichtiges Dokument in mein Fotoalbum geklebt. Sie wurde am 26. August 1939 geschrieben und am selben Tag, um 18 Uhr, in Bad Sassendorf abgestempelt.

daten verladen wurden. Wir winkten ihnen zu. Ein paar Tage später – oder war es schon am nächsten Tag? – brach der Zweite Weltkrieg aus. Unser Vater, der im Ersten Weltkrieg Flieger gewesen war, meinte: „Dieser Krieg ist schon heute verloren. Jungens, das dürft ihr aber nirgendwo sagen!"

Mein Bruder schrieb einen langen Brief an Fräulein Hedwig. Er bekam auch eine Antwort. Sie bedankte sich, teilte uns mit, daß ihr Freund, der Mediziner, gefallen sei. Wir hatten ihn zwar nicht gekannt, aber wir trauerten mit ihr. Der Schluß ihres Briefes lautete: „Hoffentlich dauert der Krieg nicht so lange, daß auch Ihr noch Soldaten werden müßt!"

Hans wurde am 1. Mai 1943 Luftwaffenhelfer, 1944 kam er zum Reichsarbeitsdienst und danach wurde er Soldat. 1944 floh er aus englischer Gefangenschaft. Ich blieb von all dem verschont. Unser Fräulein Hedwig sahen wir nie wieder.

Aus: „Pimpfe, Mädels & andere Kinder", Reihe ZEITGUT, Band 4.

[Remscheid, Nordrhein-Westfalen – Pfronten-Kappel, Allgäu – Nagold, am Ostrand des Schwarzwalds – Frankfurt/Main – Bad Münster am Stein; Sommer 1938–1943]

Gertrud Rehbein

Mit „Kraft durch Freude" ins Allgäu

Die NS-Regierung verteilte Bonbons in Form von Reisen mit „Kraft durch Freude", eine allseits beliebte, weil preiswerte Einrichtung, die jeder nutzen konnte.

Als ich 18 Jahre alt war, zog es mich mit Macht in die Berge, die ich bis dahin nur aus Wochenschauen im Kino kannte. Mit meiner Kollegin Irmgard fuhr ich ins Allgäu und erlebte zum ersten Mal die Faszination der Bergwelt. Die Kosten für die neuntägige Fahrt einschließlich Frühstück, Mittag- und Abendessen beliefen sich auf etwa 43 Reichsmark. Auch wir mit unseren noch bescheidenen Gehältern konnten uns das erlauben.

Die Deutsche Reichsbahn brachte uns über Nacht ans Ziel, und zwar in primitiven Holzklassewaggons. Mein Allerwertester beschwerte sich ob des langen harten Sitzens. Es half nichts, es mußte durchgehalten werden.

Ein frischvermähltes Ehepaar, glückstrahlende Flitterwöchner, teilte mit uns das Abteil. Jedesmal, wenn sie einzuschlafen schien, fragte er: „Hilde, schläfst du schon?"

Das arme Weib kam nicht zur Ruhe.

---

*) Kraft durch Freude (KdF) eine Untergliederung der Deutschen Arbeitsfront (DAF), die ihrerseits der NSDAP angeschlossen war. Sie war vor allem in den Bereichen Kultur, Sport und Touristik mit dem Ziel tätig, die Freizeit breiter Bevölkerungskreise zu organisieren.

Blick auf Pfronten-Kappel im Allgäu.

Je höher wir mit der Bahn kamen, um so begeisterter wurde ich angesichts der Bergwelt mit den teils noch schneebedeckten Gipfeln. Die Aussicht war grandios. Zum einen majestätische Berge und zum andern weite Täler und grüne Matten mit verstreut liegenden schmucken Häusern.

Unser Ziel war Pfronten-Kappel, immerhin fast 900 Meter hoch gelegen. Wir waren privat in einem Einfamilienhaus in einem sauberen Zweibettzimmer untergebracht. Für die Vermieter mit ihrer kleinen Bauernschaft ergab sich die willkommene Möglichkeit des Zuverdienens. Ein Badezimmer gab es nicht. Auf dem Waschtisch im Zimmer stand eine große Schüssel mit einem Krug, den wir auf dem Flur mit Wasser füllten. Kein Problem für uns, auch nicht die Toilette, die sich auf dem Flur befand. Anspruchsdenken kannten wir nicht.

Zum Essen gingen wir in ein benachbartes Gasthaus, in dem auch der Begrüßungsabend gefeiert wurde. Eine zünftige bayerische Trachtenkapelle spielte auf. Auch Einheimische vergnügten sich hier. Zwei junge Burschen forderten uns zum Tanz auf, und unser Herz war zum Flirten bereit.

Wir haben uns dann noch öfters zur harmlosen Kurzweil und zum Schwofen in geselliger Runde getroffen.

Wir schlossen uns Bergwandertouren an. Dabei handelte ich mir einen starken Sonnenbrand ein. Meine Stirn war angeschwollen und schrie nach Schatten. Der Bergführer lehrte uns, langsam bergan zu gehen und mit unseren Kräften hauszuhalten. Den Abstieg meisterten wir in großen Bögen und waren froh und stolz ob unserer Bergwanderleistung.

Pfronten besteht aus vierzehn Ortsteilen, die wir nach und nach eroberten. Wir lernten Land und Leute kennen und bald war uns auch der anfangs schwer verständliche Dialekt ver-

Meine Kollegin Irmgard und ich, links, beim Bergwandern.
1938 erlebte ich zum ersten Mal die faszinierende Bergwelt.

traut. Nach neun Tagen ging's, voll des Erlebten, zurück ins Bergische Land.

1939 machte ich mit meiner Freundin Hilde die zweite und letzte KdF-Reise, kurz vor Ausbruch des Krieges. Ziel war Nagold, am Ostrand des Schwarzwalds gelegen. Auf dem Fluß Nagold bewiesen wir unsere Ruderkünste. Wir wanderten zu dem über tausend Meter hoch gelegenen düsteren Mummelsee, besuchten die elegante Stadt Baden-Baden und lebten in noch sehr friedlicher Umgebung.

Auch während des Krieges machte ich Reiseurlaub. So fuhren meine Freundin Hilde und ich 1940 nach Frankfurt am Main. Wir waren wohl die einzigen, die mit Koffern in die Jugendherberge einzogen. Unsere Betten standen übereinander, kein Problem.

Ich verdiente als junge kaufmännische Angestellte wenig, meine Freundin, noch in der Schneiderlehre, bekam nur ein Taschengeld. Wir hatten die Kosten für den Urlaub ausgerechnet – das Geld war ziemlich knapp. Das Erkunden anderer Orte, wie Bad Vilbel, Bad Homburg, Wiesbaden sowie des Taunus ließen wir uns nicht nehmen, wohl aber das mittägliche Getränk. Das schlugen wir mangels Masse (Moneten) aus. Als wir nach Hause kamen, betrug unsere Barschaft weniger als eine Reichsmark. Mit glänzenden Augen und voller Spaß zeigten wir unserer Familie die paar Kröten.

In Frankfurt hatten wir zwei Polizisten kennengelernt. Wir machten uns zusammen einen vergnügten Nachmittag im Palmengarten, ruderten und schäkerten. Am Abend wollten wir tanzen gehen. Doch inzwischen war „Tanzverbot" erlassen, weil es im Wehrmachtsbericht schlechte Nachrichten gegeben hatte. Dennoch blieb der Urlaub als erholsam und angenehm kurzweilig in Erinnerung.

Die Firma, in der ich arbeitete, war ein Großhandelsbetrieb für Werkzeug- und Automobilzubehör. Das Sortiment reichte von Schrauben über Luftpumpen bis zur Hebebühne. Ab Anfang 1944 war er als „Wehrwirtschaftsbetrieb", also als Lieferant für die Wehrwirtschaft anerkannt. Für uns bedeutete das eine Wochenarbeitszeit von sechzig Stunden ohne Gehaltszulage, die auch gar nicht erwartet wurde. Unser Junior-Chef und einige Mitarbeiter waren eingezogen worden. Da oblag es uns Frauen, das Schiff „Firma" zu steuern. Für mich bedeutete das auch, nicht eingezogen zu werden. Viele junge Frauen wurden zum Kriegseinsatz befohlen, teils zur Flak, teils in Nachrichtenzentralen.

In der Nacht zum 31. Juli 1943 gab es den Großangriff auf Remscheid. Die Stadt wurde verwüstet, und mehr als tausend Menschen mußten ihr Leben lassen. Das Nachbarhaus brannte ab, wir hatten „nur" Fensterschäden, und nach ein paar Tagen begann der doch sehr veränderte Alltag.

Trotzdem brauchte ich auf meinen bitter nötigen Sommerurlaub nicht zu verzichten und fuhr Mitte August nach Bad Münster am Stein. Dieser reizende Ort liegt an der Nahe und gehört zum Kreis Bad Kreuznach. Ich freute mich darauf, endlich einmal durchschlafen zu können, aber selbst hier erschreckte uns nachts Fliegeralarm. Wir wurden nervös, zogen uns hastig an und rannten an die Nahe. Auch der Pensionsinhaber flüchtete aus seinem Haus. Die Flieger mit ihrer todbringenden Fracht hatten das Gebiet zum Glück nur überflogen.

Ich lernte nette Leute kennen, erkundete mit ihnen die Umgebung, wanderte nach Bad Kreuznach und zur Ebernburg. Der Gedanke, daß wir im mörderischen Krieg lebten, war allzeit gegenwärtig und dämpfte die Unbeschwertheit eines Urlaubs, doch Erholung haben auch diese Ferien mir gegeben.

[Alzenau, Unterfranken – München;
1945/46]

Hans-Heinrich Vogt

Fernweh

Wenn es Meilensteine auf meinem Weg in die Ferne gab, dann lehnte am ersten mein Fahrrad. Ich sehe es noch heute vor mir: klein, ein etwas zu groß geratenes Kinderrad, schwarz, ohne Zierat und Effekte und natürlich ohne die Segnungen der heutigen Technik wie Gangschaltung, Kilometerzähler, Tachometer. Nichts als zwei Räder, die man treten konnte.

Und ich trat! Die Dörfer rings um den Ort meiner Kindheit waren mir bald vertraut, ich kannte die Bäche, die in geheimnisvollen Tunneln und Röhren unter der Straße hindurchflossen, setzte Papierschiffchen hinein und sah sie auf der anderen Seite wieder herauskommen. Was lag dazwischen im Dunkeln verborgen?

Auch die Straßen gaben Rätsel auf. Sie hatten kein Ende. Ich machte die Erfahrung, die jeder Fernwehkranke immer wieder macht: Wenn ich mir vornahm, nur bis zur Biegung an der alten Eiche zu fahren und dann umzukehren, zog mich ein unsichtbarer Magnet weiter. Was befindet sich dahinter? Meist nichts Neues, aber es hätte ja etwas mir Unbekanntes sein können! Das allein war Triebfeder genug.

Viel später las ich bei Eichendorff, in „Aus dem Leben eines Taugenichts", über die Sehnsüchte der Romantiker, über ihre Träume, auf dem nächsten Gipfel im Mondschein glitzernde Paläste und himmelblaue Blumen zu finden. Auch ich träumte von einem freien, ungebundenen Leben in der

Südsee oder in Indien. Aber ich war an meine Zeit, an die Realität gebunden. Ich tröstete mich mit den Ringelnatzschen Ameisen, die von Hamburg nach Australien reisen wollten und die doch der Wirklichkeit verhaftet blieben:

> *Bei Altona auf der Chaussee,*
> *da taten ihnen die Beine weh, und so*
> *verzichteten sie weise*
> *dann auf den letzten Teil der Reise.*

Nach Australien? Nach Amerika? Daran war damals nicht zu denken. Mein Fahrrad fraß der Krieg. Und der Krieg sorgte auch dafür, daß mein Fernweh in einer Weise gestillt wurde, die ein siebzehnjähriges Gehirn lange Zeit nicht erfassen konnte: viele Wochen zu Fuß, Hunderte von Kilometern unterwegs, bei Schnee und Eis, mit Löchern in den Schuhsohlen, Freund und Feind nicht mehr zu unterscheiden. Grausame Szenerie des Krieges. Aber es waren die ersten wirklich großen Abenteuer meines Lebens. Ich kann noch heute ganze Tage der endlosen Wanderungen rekapitulieren, sehe die zerschossenen Häuser deutlich vor mir, die toten Pferde, die Frauen mit den Säuglingen im Arm, zitternd vor Kälte in jenem erbarmungslosen Winter kurz vor Kriegsende.

Aber das ist nicht die Geschichte, die ich erzählen wollte, sie gehört mir allein, und Trauer paßt nicht ins Reisegepäck. Was dann folgte: Besatzungszeit, Passierscheinzwang, Lebensmittelmarken nur am Ort gültig. Wo sollte da der Vogel flügge werden?

Amerikanische Lastwagen brausten durchs Land, von Ohio war die Rede und von Kentuckys „Fried chicken", nicht für uns natürlich. Allein schon die Namen waren Herausforderung. Und ich nahm die Herausforderung an!

Nicht nach Amerika ging die Reise, freilich nicht, aber für Deutschland mußte es reichen, für das geschundene Land, das aus tausend Wunden blutete.

Wieder hatte mich das Schicksal an einen Schienenstrang verschlagen, und ich erlag der Faszination der blinkenden Gleise. September 1945, mein erster Ausflug nach München. Endlose Güterzüge suchten sich damals ihre Ziele auf zerstörten Trassen, transportierten lebensnotwendige Güter für die hungernden Städter und Militärmaterial für die Besatzer. Zusammen mit Dutzenden von heimatlosen Flüchtlingen, entlassenen Landsern und dubiosen Schwarzhändlern fuhr ich, eingehüllt in einen alten Soldatenmantel mit Zivilknöpfen, oben auf einem Kohlenwagen durchs Land. Mich trieb nichts anderes als der Gedanke, ich könnte in meinem Leben München nicht mehr sehen.

Der Kobold in mir trieb mich, Neues zu sehen. Das Neue, das ich sah, waren Trümmer einer Stadt, die vielleicht einmal schön gewesen war. Auch hier, wie immer, wenn ich wie ein Spürhund einer irrationalen Fährte folgte, prägte sich mir alles fest ein, für die Erinnerung zu Bildern geformt: die Radiomusik aus dem einzigen Haus, das in der Straße noch stand; der Alte, der aus dem Kellerverlies ans Licht kam wie eine Gestalt aus Schillers „Räubern"; der Penner im Englischen Garten, der zu schlafen schien, und an dem die Umstehenden lange nicht bemerkten, daß er sich nicht mehr rührte ...

Auf amerikanischen Benzinkanistern fuhr ich zurück. Und ich erfüllte mir in der Turbulenz jener gesetzlosen Nachkriegszeit einen Kinderwunsch, der unter geordneten Umständen wohl niemals in Erfüllung gegangen wäre: Ich fuhr in einem Bremserhäuschen. Nur die Älteren wissen noch, was damit gemeint ist. Damals hatten Güterwagen eine Handkurbel zum Anziehen der Bremsen, und diese Kurbel befand sich bei bestimmten Wagentypen in einem Holzverschlag am Ende, zugänglich durch eine kleine Treppe und verschließbar durch eine Tür. Eisenbahner fuhren wohl gelegentlich als Zugbegleiter in diesem luftigen Kämmerchen. Nie hätte ich zu hoffen gewagt, von dieser Warte aus einmal selbst den Zauber der Landschaft genießen zu können. Jetzt konnte ich es!

Ein strahlender Herbsttag, flotte Fahrt im schlingernden Waggon, auf dem harten Brettchen der engen Zelle hockend, am Klappern der losen Türen die Geschwindigkeit messend. Welch ein Abenteuer! Grenzenlose Freiheit in einem Bremserhäuschen zwischen München und Nürnberg.

Mit einem Mal war auch wieder ein Fahrrad da. Das klingt für den, der das Jahr 1946 kennt, wie ein Märchen. Ich bekam ein Fahrrad geliehen. Grün angestrichen und gut bereift, glich es einer Fata Morgana. Ich eroberte damit ganz Süddeutschland. Meine Altersgenossen werden den Kopf schütteln und sagen: „Ging ja gar nicht!"

Ging eigentlich auch nicht, denn Lebensmittelmarken aus Bayern hatten in Hessen oder im Schwarzwald keine Gültigkeit. Und eine einzige Reifenpanne wäre einem „Plattfuß" mitten in der Sahara gleichgekommen. Kein Geld für Hotels, die es ohnehin meist nicht gab.

Ging aber doch!

Man löste die Probleme auf andere Art. Wer zum Beispiel heute beim Bauern nach einer Suppe fragt, gilt als Bettler. Damals war man schlimmstenfalls ein „Hamsterer", als junger Kerl aber meist nur ein Hungriger, dem man schon mal einen Teller gönnte. Jeder Glasscherbe mußte der Radler selbstverständlich ausweichen, und ich hatte stets Glück. Und schlafen – ja, dazu gab es Feldscheunen und Flüchtlingsbaracken, zwar nicht komfortabel, aber gratis.

Wieder einmal holperte ich mitten durch Abenteuer, rechts und links vom Weg verwüstete Städte. Dantes „Inferno" aus der Zweiradperspektive.

Aus: „Hungern und hoffen", Reihe ZEITGUT, Band 10.

[Hamburg;
1946]

Claus Cammann

Freßferien

„Endlich Sommer! Die Sonne brannte vom Himmel. Mein Freund und ich spielten am Isequai.

„Du kriegst mich doch nicht!" schrie er und rannte los, ich sofort hinter ihm her. Ich war ein guter Läufer und kam ihm näher, doch es war in der Hitze eine schweißtreibende Angelegenheit. Als ich im Laufen in die Tasche langte, um mein Taschentuch zu angeln, zog ich mit ihm ein Stück Papier heraus. Lustig flatterte es im Wind, flog dann über das Ufer und landete – platsch! – im Wasser.

Jäh blieb ich stehen. Um Gottes willen, die Lebensmittelkarte! Ich hatte am Morgen eingekauft und vergessen, sie zu Hause wieder abzuliefern. Nicht auszudenken, wenn ich sie nicht wiederbekäme!

„Hans, Hans", schrie ich verzweifelt, „hilf mir!"

Ich kniete schon nieder, legte mich auf den Bauch und versuchte, die Karte zu erreichen. Vergeblich!

Hans war stehengeblieben, hörte wohl an meiner Stimme, daß es ernst war. Im Nu war er bei mir, mit vereinten Kräften arbeiteten wir an der Rettungsaktion: Er hielt meine Beine fest, ich streckte mich über die Uferkante, daß mein Bauch fast das Wasser berührte, griff nach der Lebensmittelkarte. Ja, jetzt hatte ich sie, nein, sie entglitt mir wieder, begann jetzt sogar, fast vollgesogen, zu sinken. Ich war der Verzweiflung nahe. Ein Himmelreich für ein Boot!

Aber natürlich gab es keines, das unbewacht erreichbar gewesen wäre, nicht in dieser Zeit!

Mein Blick irrte suchend umher. Da plötzlich, die Rettung! Ein angekohlter Balken von einem Trümmergrundstück, halb stak er unter Sand und Steinen, halb ragte er ins Wasser. „Hans, da!"

Ich deutete auf das Stück Holz. Er verstand sofort. Fieberhaft zerrten und stießen wir Sand und Steine zur Seite, bis endlich der Balken zu schwimmen begann.

Es nutzte nichts: Schuhe und Strümpfe ausgezogen, setzte ich mich vorsichtig rittlings auf das glitschige Etwas, die Füße im trüben Wasser, und rutschte auf die Lebensmittelkarte zu. Es wurde höchste Zeit!

Ich erwischte sie gerade, als sie am Absacken war. Triumphierend hielt ich das Stück Papier in die Höhe, das völlig durchnäßt und an einer Seite eingerissen war. Vorsichtig paddelte ich zurück. Kurz vor dem Ufer war ich zu ungeduldig, erhob mich und wollte an Land springen, rutschte aus und klatschte bis zum Bauch ins Wasser. Aber die wichtige Karte war gerettet!

Hans zog mich heraus, Hose und Karte mußten in der Sonne trocknen, gut, daß sie beharrlich schien!

Niemand kann sich vorstellen, wie erleichtert ich war, daß ich die Marken wiederbekommen hatte. Verlorene Lebensmittelkarten bedeuteten damals fast ein Todesurteil. Nachdem ich ihr über das Abenteuer berichtet hatte, schimpfte meine Mutter nicht mit mir, sondern war wie ich einfach nur froh über den günstigen Ausgang.

Buchstäblich gerettet hat uns Kinder in dieser Hungerszeit die bald nach Kriegsende einsetzende Schulspeisung aus Heeresbeständen der Engländer und Amerikaner oder aus Spenden der Schweden. Keks-, Schokoladen- und Erbsensuppe wurden zum Begriff, wir freuten uns alle auf die Essenspause nach der vierten Stunde. Die armen Lehrer, die uns danach in der fünften und sechsten Stunde noch unterrichten mußten!

„Willst du in den Ferien für mich essen? Wir sind nicht da." Ein Klassenkamerad machte mir dieses verlockende Angebot. Ein zweiter meldete sich in gleicher Weise. „Wir auch nicht! Meine Essenmarke kannst du ebenfalls haben!"

Phantastisch! Ohne zu zögern nahm ich an; die Möglichkeit zu verreisen war für mich ja nicht gegeben.

In den Ferien 1946 habe ich mich das erste Mal seit vielen Monaten wirklich sattgegessen. Schulspeisung für drei Kinder! Ein Paradies! Und manchmal gab es für die in Hamburg Gebliebenen auch noch Nachschlag, den wir im Kochgeschirr mit nach Hause nahmen. Ich glaube, das war an sich verboten, aber niemand sagte etwas.

Vollgefressen lagen wir in der Schule auf den Bänken, um uns von der Anstrengung des Essens zu erholen. Erst langsam kamen wir wieder zu uns und gingen dann angemessenen Schrittes zur U-Bahn. Ich weiß noch genau, wie ich auf der Heimfahrt an der scharfen Kurve vor der Kellinghusenstraße Angst hatte, in den meist vollen Waggons einen fremden Ellenbogen in den Bauch zu bekommen. Die Gefahr war nicht auszuschließen, „rückwärts zu essen".

Dennoch, diese „Freßferien" waren für uns großartig und haben mich und Gleichgestellte vor Schlimmerem bewahrt. Ein herzlicher Dank allen Spendern der Schulspeisung!

Aus: „Nachkriegs-Kinder", Reihe ZEITGUT, Band 2.

[Arnstadt – Seligenthal, Kreis Schmalkalden, Thüringen;
August 1947]

Gerhard Eschner

Ähren, Brot und Streuselkuchen

Wir hatten Schulferien. Aber was für Ferien waren das – zwei Jahre nach dem Krieg, den wir nur um Haaresbreite im Hause Baumannstraße 11a überlebt hatten?

Schulferien! Das war eigentlich eine mehr oder weniger zynisch beschwichtigende Umschreibung der Tatsache, daß wir Schulkinder nicht nur am Nachmittag, sondern auch am Vormittag Ähren lesen mußten. So haben auch ich und meine Mutter in den ersten Nachkriegsjahren die Felder rings um die Wachsenburg bei Arnstadt systematisch nach Ähren und Kartoffeln abgesucht. Am Wochenende half uns Vater. In Verschnaufpausen erzählte er häufig Sagen, so auch die vom zwiebeweibten Grafen von Gleichen. Ich war acht Jahre alt und habe diszipliniert und andächtig zugehört.

„Ja, so war das zur Zeit der Kreuzzüge", schloß er seine Rede und fragte zusammenhanglos: „Und was haben wir heute?"

„Sonntag!" antwortete ich.

„Sehr gut! Wenn wieder bessere Zeiten sind, gehen wir mal auf die Wachsenburg. Früher standen dort viele alte Kanonen, einige sogar noch aus dem Bauernkrieg, die haben die Russen geholt und zur Eisengießerei Winter geschleppt.

In den dreißiger Jahren hat die Druckerei Böttner – du weißt doch, da habe ich vor dem Krieg gearbeitet – Bilder und eine Broschüre über die Wachsenburg gedruckt. Wenn

Die Wachsenburg bei Arnstadt in Thüringen. Mein Kindheitstraum vom Ausflug auf die Wachsenburg wurde erst 1993 wahr. Als Fahrschüler hatte ich darum gebeten, daß die Route meiner obligatorischen Überlandfahrt über die Wachsenburg führt.

das alles beim Bombenangriff nicht zerstört worden ist, muß es noch da sein. – Doch auf geht's!"

Unsere Mutter wollte uns gerade ermahnen und auffordern, die Pause und Diskussion über die Grafen von Gleichen abzubrechen und endlich mit dem Ährenlesen weiter zu machen. So ging das in der Erntesaison Tag für Tag und Woche für Woche.

Und dann ging meine Mutter mit mir zum Arzt, nur eine Routineuntersuchung, erklärte sie mir. Ich hatte mich schon wieder angezogen, und wir wollten gerade gehen, da faßte sich meine Mutter ein Herz und fragte den Mann im weißen Kittel: „Herr Doktor, könnten Sie uns vielleicht noch eine Bescheinigung geben, aus der hervorgeht, daß Sie als Arzt befürworten, daß unser Junge bei meiner Mutter und meinem Bruder in Seligenthal den Rest seiner Schulferien verbringen kann? Eine Luftveränderung sozusagen. Vielleicht bekommen wir so eher eine Reiseerlaubnis, Ähren hat er hier wahrlich genug gelesen!"

„Das kann ich machen", meinte der Mediziner. Mit Hilfe des Attests erhielten wir im Rathaus eine Reiseerlaubnis für eine Fahrt in den Thüringer Wald, vor allem aber Reiselebensmittelkarten für die sowjetische Besatzungszone Thüringen.

Am Tag meiner Abreise stand auf dem Bahnhofsvorplatz eine lange Schlange an einem Sonderschalter. Diese Leute hatten offensichtlich alle – wie ich – eine Reiseerlaubnis oder die Vorstellung, daß sie auch ohne Reiseerlaubnis eine Fahrkarte bekommen würden. Nach etwa einer halben Stunde hielt ich meine Fahrkarte in der Hand. Der Preis war gering und lag bei zwei oder drei Reichsmark.

Die Verwandtschaft in Seligenthal freute sich über mein Kommen, und ich erholte mich bestens. Das abenteuerliche Indianer- oder Räuber- und Gendarmspiel mit den Kindern vom Rain und Oberdorf im Busch am Tennelberg, Ziegenmilch und Ziegenbutter, Eier, Kirschen, Beeren und Kläräpfel waren beinahe paradiesisch und allemal besser als Schule und Ährenlesen. Dennoch mußte ich an Vaters Geschichten über die Wachsenburg denken, an die vertraute Gegend und an Vater und Mutter daheim. Wie mag es ihnen gehen, ob sie wohl noch immer Ähren lesen?

Im Geräteschuppen meiner Großmutter fand ich zwei alte Basttaschen; die sahen schon recht schäbig aus, konnten aber ihren Zweck noch erfüllen. Onkel Heinz, der Bruder meines Vaters, hatte sie aus Italien mitgebracht. Mit diesen Taschen zog ich – gewissermaßen aus Sympathie und Solidarität mit meinen Eltern – in die Flur am hinteren Tennelberg und an die Hofliede, wo die Getreidefelder gerade abgeerntet worden waren. Erst als die beiden Taschen prallgefüllt mit Ähren waren, schlenderte ich nach Hause. Es wurde schon dunkel. Meine Oma Rosalie empfing mich mit lobenden Worten: „Ha Jong, de kohste jo in de önner Mölln gebreng!"

In der Mühle gab mir Gustav Endter, ein Sohn des alten Müllers, für meine Ähren ein frisches, knuspriges Brot, das ich freilich noch regulär mit einer Mark bezahlen mußte. Aber ich hatte ein Brot ohne Lebensmittel- bzw. Reiselebensmittelkarten erhalten, das war schon etwas Besonderes! Ich war sehr stolz auf mich und mein Brot, obwohl ich wußte, daß ich das Brot letztlich nur deshalb bekommen hatte, weil der Sohn des alten Müllers ein guter Freund meines Paten, des Bruders meiner Mutter, war, im Klartext: ich hatte Vitamin B, Beziehungen gehabt. Darüber war ich schon ein wenig traurig, und ich habe mir so meine Gedanken gemacht, was wohl ohne sie gewesen wäre ...

Dann kam der absolute Höhepunkt meines Urlaubs: Meine Oma wollte mir eine Freude bereiten und einen Streuselkuchen backen! Das konnte sie freilich nur mit den vorhandenen Mitteln und Möglichkeiten und dank meiner Reiselebensmittelkarte.

Seit dem großen Bombenangriff auf Arnstadt am 6. Februar 1945 kämpfte meine Familie ums Überleben, an Kuchen, Stollen, und Plätzchen, ebenso Bonbons oder andere Süßigkeiten war da nicht zu denken, deshalb hatte ich bei meiner Einschulung im Herbst 1945 auch keine Zuckertüte bekommen können.

Schließlich war er fertig, der große runde Streuselkuchen, ofenfrisch, schneeweiß mit Staubzucker bestreut, würzig, knackig, wohlduftend, gut, sehr gut! Mir fallen kaum weitere Prädikate ein, um den Zustand und die Qualität des Streuselkuchens auch nur annähernd zu beschreiben.

Wann immer irgendwo auf dem Tisch Streuselkuchen stand, tauchten Erinnerungen an meine liebe und herzensgute Oma Rosalie auf. Und stets habe ich mit Begeisterung davon erzählt.

Aus: „Lebertran und Chewing Gum", Reihe ZEITGUT, Band 14.

[Leipzig – Hannover – Hamburg – Nebel, Insel Amrum,
Schleswig-Holstein – Bremerhaven, Niedersachsen;
Sommer 1947]

Alfredo Grünberg

Elf Mark für eine Lucky Strike!

Ich kann heute nicht mehr sagen, wann mein Vater aus der
Kriegsgefangenschaft heimgekehrt ist, ob er 1947 schon wieder in Leipzig war oder nicht. Aber wir fuhren nur zu zweit,
meine Mutter und ich, um meinen Cousin Kurt auf der Insel
Amrum zu besuchen. Er hatte uns eingeladen. Kurt war als
Junge in Danzig aufgewachsen. Im Krieg hatte er eine Kran-
kenschwester kennengelernt, die von der Insel stammte, und
sie dann geheiratet. Er zog in ihr Elternhaus ein, denn nach
Danzig konnte er nicht zurück. Sein Schwiegervater besaß
eine Landwirtschaft in Nebel-Süddorf und eine Windmühle,
die damals noch in Betrieb war.

Im Sommer 1947 war ich 21 Jahre alt und arbeitete bei
der Post, Postamt S 3 in Connewitz, einem südlichen Vorort
von Leipzig. Als Eleve bekam ich nur 40 Reichsmark im Monat. Davon konnte niemand leben. Wir lebten vom Verkauf
der uns zustehenden Zigarettenzuteilung.

Ich meldete mich zum Urlaub ordentlich bei meinem Vor-
gesetzten und in der Personalabteilung ab. Der Personalchef,
Herr Asmus, bat mich, ihm einen Bückling mitzubringen.
Ich hatte wahrheitsgemäß gesagt, daß ich meinen Cousin an
der Nordsee besuchen wollte. Es gab sehr ungenaue und ver-
schwommene Rechtsverhältnisse. Eigentlich war es verboten, in die Westzone zu fahren, und doch wurde es ohne viel
Heimlichkeit getan. Nur an der Grenze durfte man sich nicht

schnappen lassen. Die Grenzübergänge wurden bewacht: auf der östlichen Seite von Russen, auf der westlichen Seite von Engländern und Amerikanern.

Ohne Frühstück, weil kein Krümel Brot mehr im Hause war, fuhr ich mit meiner Mutter von Leipzig nach Magdeburg. Dort stiegen wir um in einen Zug Richtung Westen. Der endete in dem kleinen Ort Völpke. In der Nähe von Harbke gelangten wir auf Schleichwegen durch einen Braunkohlentagebau oder eine Sandgrube über die Grenze. Eine große Gruppe Grenzgänger lief im Gänsemarsch hinter einem Mann her, der den Weg kannte. Es war sehr warm, die Sonne schien und die Lerchen sangen. Das Marschtempo war schnell. Ich denke heute noch mit Bewunderung an eine junge Frau, die ein ganzes Kinderbett hinüberschleppte, beide Seitenteile, Unterteil und zwei Kopfteile aus Holz, an Riemen umgeschnallt. Zäh wie eine Ameise.

Als wir in Helmstedt ankamen, standen vor den Häusern Eimer mit Wasser. Die Bewohner wußten, daß durstige Grenzgänger vorbeikämen und um einen Schluck Wasser bitten würden. Auf diese Weise hatten sie ihre Ruhe. Wir fanden ein Gasthaus, in dem man für eine Mark pro Nacht auf einem Stuhl sitzend schlafen konnte. Die Gaststube und der Saal waren mit schlafenden Menschen auf Stühlen besetzt. Seit Reiseantritt hatten wir nichts gegessen.

Am Morgen fuhr ein Zug nach Hannover. Dort verkaufte ich etliche Sonderbriefmarken, die ich anläßlich der Leipziger Messe erworben und nun auf eine Postkarte geklebt und sauber abgestempelt hatte, für 20 Mark. Ich stellte mich dafür direkt vor eine Briefmarkenhandlung. Im Bahnhofsbunker herrschte eine Art Wildwest in der Unterwelt. Nachts lag er voll schlafender Menschen. Am Tag wurde Schwarzhandel getrieben. Viel kriminelles Gesindel hielt sich dort auf. Nach Hannover fuhren viele Leipziger, um dort Brot zu beschaffen, teils zum eigenen Verbrauch, teils zum Weiterverkauf. Für viele war es der einzige Erwerb.

Irgendwann fuhr ein Zug nach Hamburg. Dort kamen wir am späten Nachmittag an. Vor dem Hauptbahnhof gab es eine Suppenküche im Freien. Für 50 Pfennige erhielt man eine Suppe aus den Blättern der Zuckerrübe, dazu leihweise einen Löffel aus Aluminium. Ich muß gestehen, daß ich meinen Löffel eingesteckt habe. Zahlungsmittel war die Reichsmark, es gab noch keinen Unterschied zwischen Ost- und Westmark. Schließlich wurde es dunkel. Wir warteten auf einen Zug nach Norden. Der mit Menschen überfüllte Hauptbahnhof war unbeleuchtet.

Endlich fuhr ein Zug nach Heide in Holstein, den nahmen wir. Jedesmal, wenn ich heute nach Westerland fahre, schaue ich in dieser Kleinstadt links aus dem Fenster. Dicht vor einem Bahnübergang steht dort noch der Güterschuppen mit Rampe, in dem wir auf dem Fußboden übernachteten.

Als der kühle Morgen graute, fuhren wir weiter nach Husum. Hier kamen wir endlich zu einer zweiten Mahlzeit unserer langen Reise. Ein Pferdewagen zog auf der Straße am Hafenbecken vorbei. Von dem Wagen fiel eine Mehltüte herunter, es war etwa ein Kilo. Damit gingen wir in ein Gasthaus und ließen uns eine Mehlsuppe kochen. Wir bezahlten die Wirtin für die Kocharbeit und lieferten ihr das Mehl dazu.

Schließlich kam ein Zug nach Niebüll, von dort ging es weiter nach Dagebüll, wo wir in ein Motorboot stiegen, das uns nach Wittdün auf Amrum brachte. Nach einem Fußmarsch landeten wir bei Kurt in Süddorf. Völlig ausgehungert stürzten wir uns auf die Eierkuchen, die uns vorgesetzt wurden. Der Küchenofen bei Familie Andriesen wurde nur mit Heidekraut geheizt. Holz oder Kohlen gab es nicht.

Der Schwiegervater, Heini Andriesen, hielt Schafe, Schweine und zwei Kühe, er besaß ein Stück Feld und eine Mühle. Fisch wurde gegen andere Nahrungsmittel eingetauscht, Butter selbst gemacht. Alles wurde getauscht und jeder duzte jeden. Auf der Straße fragte man mich: „Wohnst du bei Heini?"

Um die Sommerzeit kümmerte man sich hier nicht, die galt nur auf dem Festland, dem „Fastewall". Ein Pferd hatte Heini wohl auch, denn ich erinnere mich an eine Kutschfahrt zur Nordspitze. Heini war sehr belesen. In seinem großen Bücherschrank standen auch Werke von Schopenhauer. Er besaß ein zweites Haus auf der anderen Straßenseite, das stand völlig leer. In dem wohnten Mutter und ich.

Nachts wischte alle paar Sekunden der helle Strahl des Leuchtturms über unsere Betten. Der Scheinwerfer drehte sich im Kreise. Dazu hörte man die ganze Nacht über die Bombeneinschläge von Helgoland, das von der britischen Luftwaffe als Bombenübungsziel benutzt wurde. Über Wasser trägt der Schall weit. Was gab es eigentlich zu üben 1947?

Als ich im Sommer 1947 die Bombeneinschläge auf Helgoland hörte, wurden Erinnerungen wach. Das Foto von 1943 zeigt mich als Sechzehnjährigen an der 8,8 cm-Flak bei Leuna.

Die Deutschen waren besiegt, der Kalte Krieg hatte noch nicht begonnen. Nach den deutschen Militäranlagen wollte man nun die ganze Insel wegsprengen, sie sollte im Meer verschwinden. Daß das nicht gelang, wissen wir heute. Helgoland wurde am 1. März 1952 an die Bevölkerung zurückgegeben.

Diese Vorkriegsaufnahme zeigt das Unterland mit der Landungsbrücke und die Düne von Helgoland.

Nach etwa zwei Wochen reisten wir wieder ab. Eigentlich war der direkte Heimweg nach Leipzig vorgesehen. Ich hatte aber noch etwas anderes vor. Ich wollte eine Zwischenstation in Bremerhaven machen und dort einen Amerikaner namens John Drummond besuchen. Bei ihm hatte ich als Kriegsgefangener in Le Havre gearbeitet. Meine Mutter wollte mich begleiten, und es zeigte sich auch bald deutlich, weshalb. Sie hatte Angst, daß ich mich ganz absetzen würde, im Westen bliebe oder gar nach Amerika verschwände. Sie wollte mich deshalb nicht aus den Augen lassen.

In Bremerhaven fand ich leicht das Hotel, in dem nur Amerikaner untergebracht waren. Am Hoteleingang stand sogar ständig ein Wachposten der Militärpolizei. Mein amerikanischer Freund nahm mich freundlich auf und zeigte mir sein Hotelzimmer, groß, mit Doppelbett und dazu nebenan ein Bad mit Wanne und Dusche. Wir unterhielten uns den ganzen Abend, dann sagte er mir, ich könne in dem Zimmer bei ihm schlafen und fragte auch, wie lange ich bleiben wollte.

Nur diese Nacht, erklärte ich, dann müßte ich wieder zurück nach Leipzig.

„Wieso nur eine Nacht?"

Nun rückte ich mit der Sprache 'raus und erzählte von meiner Mutter, die auch hier in Bremerhaven sei und mit mir zurückfahren wolle. –

„Und wo ist deine Mutter?"

Ich sagte, sie wäre in einem Gasthaus, aber tatsächlich gab es gar keine Unterkunft, sie schlief auf dem Bahnhof, im Wartesaal, falls sie in dieser Nacht überhaupt geschlafen hat.

Am nächsten Morgen gingen wir zum Commissary-Shop, weil John etwas für mich kaufen wollte. John war Soldat in Uniform und gleichzeitig leitender Angestellter der Commisary, dem Laden für die US-Army und ihre Angehörigen – ein Selbstbedienungsladen mit Türmen aus Schmalzbüchsen und Bohnenkaffee, Butter, Käse und Fleisch. Das war damals der Traum-Job! Als ich mich von John verabschiedete, übergab er mir eine große Tüte mit allerlei guten Sachen, Konserven und zwei Stangen Zigaretten, Marke Lucky Strike. Pro Stange zehn Schachteln mit je zwanzig Stück Zigaretten. Die Zigaretten habe ich später verkauft, das Stück für elf Mark. Jede einzelne Zigarette!

Von Bremerhaven fuhren meine Mutter und ich direkt nach Hannover. Dort kaufte ich auf der Straße am Bahnhof etliche Bücklinge, einen davon für meinen Personalchef. Von dort ging es nach Helmstedt, über die Grenze nach Völpke, wo wir die Nacht in einer Gaststätte verbrachten. Hier traf ich eine Schulkameradin, die wie ich mit ihrer Mutter im Westen gewesen war und nun zurück nach Leipzig wollte.

Während unsere Mütter in der Gaststätte die Stühle besetzt hielten, streiften wir beide über die dunklen Felder, aber nicht als Liebespaar, sondern um zu sehen, ob wir noch etwas Eßbares finden konnten.

Es war nicht einfach, am anderen Morgen mitsamt dem Gepäck in den Zug nach Magdeburg hineinzukommen. Nicht nur durch die Türen, auch durch die Fenster drangen die Leute in den Zug ein. Er war gequetscht voll. Man saß sogar auf den Dächern und stand auf den Trittbrettern, die die Waggons damals noch hatten. Das war gefährlich, denn an der Strecke lauerten Spitzbuben, die versuchten, mit Stangen und Haken die Säcke und Gepäckstücke wegzureißen, die die Leute bei sich trugen. Wie leicht hätte man auch einen Trittbrettfahrer samt Gepäck herunterreißen können! Wir vier standen zum Glück im Wagen und kamen unversehrt wieder in Leipzig an.

Noch viele weite Reisen habe ich später gemacht, auch nach Rio und Malaysia – aber die Fahrt nach Amrum blieb die abenteuerlichste Reise in meinem Leben.

Aus: „Und weiter geht es doch", Reihe ZEITGUT, Band 8.

[Erftstadt-Köttingen, Nordrhein-Westfalen;
um 1950]

Luise Rüth

Ferienglück

Als Kind verbrachte ich meine Ferien im Sommer wie im Winter immer bei den Großeltern auf dem Land. Diese Ferien waren eine Kette von glücklichen und unbeschwerten Tagen und Wochen. Ich glaube, in meinem ganzen späteren Leben habe ich mich nie mehr so frei und zufrieden gefühlt.

Großmutter liebte uns Kinder sehr, und das zeigte sie uns jeden Tag aufs Neue. Sie ließ uns völlige Freiheit in allen unseren Entscheidungen und in unserem Tun.

Jeden Morgen lag der Tag wie ein herrliches Abenteuer vor mir. Mit den Dorfkindern streifte ich durch Feld und Wald. Die Kinder hier hatten eine ganz andere Art von Spielen als bei mir zu Hause in der Stadt. Wir bauten Baumhäuser und schmückten sie mit alten Teppichen und Mobiliar. Alles Eßbare, was wir ergattern konnten, wurde von zu Hause herbeigeschleppt und im Baumhaus gemeinsam verzehrt. Unsere Mahlzeiten waren oft eine bunte Mischung aus Butterbroten, Plätzchen, Obst, Gemüse, Wurst und Käse, doch es schmeckte uns vorzüglich.

An anderen Tagen bildeten wir Banden und streiften durch die Dorfstraßen. Kein Obstbaum war vor uns sicher. Wir wußten, wo es die süßesten Kirschen, die saftigsten Birnen und die dicksten Äpfel gab.

Ich war im Vergleich zu den anderen Kindern sehr klein, aber dafür gewandt, und konnte schnell laufen. Also wurde immer ich zum Obststibitzen vorgeschickt. Manchmal erwischte uns der Gartenbesitzer und es gab Prügel. Lief ich dann zu Großmutter, so tröstete sie mich mit den Worten: „Wer obsten geht, darf sich eben nicht erwischen lassen!"

Regnete es, liefen wir an den Häusern vorbei und drückten auf die Klingelknöpfe. „Mäuschenklopfen" nannten wir das. Versteckt hinter der nächsten Ecke, hatten wir einen Heidenspaß, die erstaunten und erzürnten Gesichter der gefoppten Leute zu sehen.

Im Sommer gingen wir fast täglich an den Badesee. Es war ein See, der aus der ehemaligen Kohlengrube entstanden war. Wir schmierten uns von oben bis unten mit nassem Kohlendreck ein und spielten „Neger". Trocknete die Kohle am Körper, dauerte es viele Tage, bis wir wieder richtig sauber waren.

Abends durften wir Kinder draußen bleiben, solange wir wollten. Die Erwachsenen saßen auf den Haustreppen unter den alten Lindenbäumen, schwatzten und sangen Lieder zur Gitarre. Oft schlief ich dabei auf dem Schoß meiner Großmutter ein. Alles war so friedlich, wie man es nur als Kind erleben kann.

In den Winterferien tobten wir im Schnee oder auf dem zugefrorenen See. Wir bauten Hütten aus Schnee mit der gleichen Ausdauer, wie wir sie im Sommer aus Ästen und Laub gebaut hatten. Am späten Nachmittag trieben uns die Dunkelheit und unsere steifgefrorene Kleidung nach Hause. Dort wurden wir aus unseren nassen Sachen geschält und mit warmen Handtüchern abgerubbelt. Dann ging es in die gute Stube, nahe an den warmen Ofen, aus dem es schon verheißungsvoll nach Bratäpfeln roch.

Der Samstag war auf dem Dorf ein besonderer Tag. Alles rüstete sich für den Sonntag, und das geschah unter ganz bestimmten, festen Regeln. In der Frühe ging die ganze Familie zum Einkaufen – natürlich nur bis zum einzigen Tan-

Für mich gab es nichts Schöneres, als die Ferien bei den Großeltern auf dem Land zu verbringen. Das Foto zeigt mich zusammen mit meiner Mutter und Verwandten.

te-Emma-Laden im Dorf. Großmutter schlug eine Ecke ihrer großen Schürze um, befestigte sie im Bund, und wir zogen los.

Die Gerüche im kleinen Dorfladen waren köstlich. Das Faß mit Salzheringen stand neben dem Topf mit Rübensirup. Gleich am Eingang waren Öl, Essig und Suppenwürze aufgebaut. Zucker, Mehl und Salz gab es lose in mitgebrachten spitzen braunen Tüten. Heringe wurden in Zeitungspapier eingewickelt. Alle unsere Einkäufe verschwanden in Omas weiter Schürze.

Ab Monatsmitte wurde angeschrieben, wie fast jeder im Dorf es machte. Der Händler notierte alles in ein kleines schwarzes Heft. Das hinderte Großmutter aber nicht, jedem von uns Kindern zwei Manna-Bonbons oder eine Lakritzschlange zu kaufen.

Samstag mittag gab es immer Eintopf zu essen, je nach Jahreszeit Bohnen, Linsen, Graupen, Erbsen oder Möhren. Spätestens am Mittagstisch wußten wir, es ist Samstag.

Gleich nach dem Essen heizte Großvater in der Waschküche den großen Wäschekochkessel an. Dann nahm er die Zinkwanne vom Haken an der Wand. Kochte nach einiger Zeit das Wasser, wurden wir Kinder mit kritischen Blicken der Reihe nach gemustert. Derjenige von uns, der am wenigsten schmutzig wirkte, war Großmutters erstes Opfer. Noch in der Küche wurde er entkleidet und dann über den Hof in die heiße Waschküche gebracht. Widerstand nutzte wenig. Wir wußten, es mußte sein, wie Großmutter sagte.

In der Waschküche konnte man vor lauter Dampfschwaden kaum noch etwas sehen. Großvater schleppte eimerweise kaltes und heißes Wasser heran. Sofort wurden wir in die Wanne gesteckt. Oft war das Wasser noch so heiß, daß wir am ganzen Körper augenblicklich krebsrot wurden. Unsere Protestschreie veranlaßten Großmutter lediglich, etwas von „guter Durchblutung" zu murmeln.

Jetzt kam das Schlimmste: Waren wir von Kopf bis Fuß mit Kernseife eingeschmiert, nahm sie die Wurzelbürste und schrubbte uns ab. An anderen Tagen der Woche nahm sie es nicht so genau: „Schmutz ist wichtig für die Abwehrstoffe," meinte sie, und „Dreck reinigt Magen und Darm". Samstags dann warf sie ihre Theorien über den Haufen.

Zum Schluß wurden die Haare mit Essig gespült, was bei uns zu neuerlichem Geheule führte. Etwas Essig bekamen wir meistens in die Augen, und auf der roten, gereizten Haut brannte er teuflisch. War der erste Kandidat erlöst und in ein vorgewärmtes Badetuch gepackt, schritt Großvater wieder in Aktion. Vorsichtig schöpfte er den Seifenschaum aus der Wanne, goß einen Eimer heißes Wasser nach, und schon war das nächste Kind an der Reihe. Schließlich war Großvater selbst nach Mutter, Vater und Großmutter der letzte, der badete. Wenn er fertig war, warf er noch die Schmutzwäsche der Woche in das Badewasser, wo sie bis Montag zum Einweichen blieb, um dann ebenfalls mit Seife und Wurzelbürste bearbeitet zu werden.

Für uns Kinder waren aber noch nicht alle Schrecken vorüber. Großmutter hatte inzwischen schon die Brennschere aus den glühenden Kohlen geholt. An einer alten Zeitung testete sie deren Hitzegrad. Verbrannte die Zeitung, wurde die Brennschere zum Abkühlen durch die Luft geschwenkt, um schließlich uns Mädchen mit der richtigen Temperatur Locken in die Haare zu brennen. Unsere Locken hielten dann fast eine Woche. Ein bißchen stolz darauf waren wir schon: Keiner konnte so gute Locken brennen wie Großmutter.

Den Jungen wurde mit Großvaters Rasiermesser säuberlich der Kopf fast kahl geschoren.

War die ganze Tortur vorbei, durften wir wieder auf die Straße. Wir liefen von Haus zu Haus, um zu sehen, welches Wasser bei den Nachbarn aus dem Abfluß kam. Es gab damals noch keine Kanalisation, und alles Abwasser lief über die Straße. Bei jedem Haus sah es anders aus, manchmal sogar grün. Das fanden wir toll, und wir schnupperten daran, wußten wir doch, daß es Badezusatz aus Fichtennadeln war. Das roch so schön nach Wald.

Bei einigen Häusern war das Abwasser fast schwarz – das war das Waschwasser der Bergmannskleidung. Woanders lief rotes oder gelbgrünes Wasser über die Straße. Dann wußten wir, in diesem Haus gibt es rote Bete oder Wirsing zum Sonntagsbraten. Wir bastelten Schiffchen aus Papier und ließen sie in der Gosse schwimmen: vom Oberdorf zum Unterdorf.

Am schönsten war es im Winter. Das Abwasser gefror zu Eis, und die Straße schimmerte in allen Farben.

Wenn es aus den Häusern nach Sonntagsbraten und Kuchen roch, war das für uns ein Zeichen, nach Hause zu laufen. Am späten Samstagnachmittag wurden nämlich der Sonntagsbraten angesetzt und die großen Bleche mit Obstkuchen gebacken. Das duftete köstlich und wir beeilten uns.

Daß Großmutter uns zuerst ein bißchen ausschimpfen würde, weil wir schon wieder schmutzig waren, daran hatten wir uns gewöhnt. Aber dann, während sie uns ein großes Stück warmen Obstkuchen zuschob, würde sie sagen: „Bald ist wieder Samstag."

Unter Tränen nahte der letzte Ferientag. Dann hieß es Abschied zu nehmen, und das „andere" Leben begann wieder. Zu Hause zählte ich ungeduldig die Tage, bis es endlich hieß: „Ferien ... du darfst sie wieder bei deinen Großeltern verbringen!"

Aus: „Nachkriegs-Kinder", Reihe ZEITGUT, Band 2.

[West-Berlin – London;
Juli 1950]

Irmgard Notz

An Speaker's Corner

1950 war ich 21 Jahre alt. Jahre des Abgeschlossenseins lagen hinter uns. Eng gezogen waren die Grenzen, über die hinaus wir nicht gehen, hinter die wir nicht schauen durften. Kriegs- und Nachkriegszeit ließen manchmal nicht einmal mehr die Hoffnung zurück, jemals hinauszukommen, um ein Stück von der Welt zu sehen. Und dennoch gelang es, hatten wir erstmals die Möglichkeit, von unserer Insel Berlin aus in ein anderes Land zu kommen. England war das Ziel unserer Reise, London genauer gesagt. Dort verbrachten wir angehenden Lehrerinnen vier Wochen, die viel zu schnell verflogen und doch lang genug waren, einen nachhaltigen Eindruck mit zurückzubringen.

Wenn ich die Augen ganz fest schließe, sehe ich mich am Piccadilly Circus stehen und die endlose Kette des Verkehrs an mir vorüberrollen. Mit welch einer Ruhe und Höflichkeit sich all das abspielt! Sicher gehen die Menschen ihren Weg. Sie stellen sich an, wenn es nötig ist, und warten geduldig, bis sie an der Reihe sind, in den Bus zu steigen, den Laden zu betreten oder was immer es sei. Die Bobbies lenken mit einer geradezu vornehm wirkenden Ruhe den Verkehr. Jeder ist freundlich und hilfsbereit. Fast immer gab man uns ausführlich auf Fragen Bescheid, erkundigte sich dann nach unserer Staatsangehörigkeit und freute sich, Deutsche zu sehen. Überhaupt spürten wir immer wieder, daß das Inter-

Während unserer Englandfahrt 1950 wohnten wir drei jungen Lehrerinnen aus Berlin bei englischen Familien in einer Reihenhaussiedlung in Lee. Wir fuhren jeden Tag mit der Railway in die Londoner City.

esse an Deutschland groß war. Dies bewies auch folgendes kleine Ereignis: Wir waren den Tag über in Oxford gewesen und kamen mit dem Bus gegen Abend nach London zurück. An der berühmten Hyde-Park-Corner stiegen wir aus, um uns die Speaker anzuhören. Nun erlebten wir einmal wirklich, wie jeder dort die Freiheit hat, über etwas, das ihm am Herzen liegt, zu reden. Erstaunt und belustigt gingen wir umher und hörten und sahen uns alles an. Dabei redeten wir untereinander deutsch. Da sprach uns einer aus der Menge in einem guten, ja fast akzentfreien Deutsch an. Er hatte lange in Deutschland gelebt und wollte eine Menge von uns erfahren. So unterhielten wir uns mit ihm in unserer Sprache über unser Land.

Währenddessen stellte sich ein Mann dazu, dann ein paar weitere Leute. Ein kleiner Kreis bildete sich, der aufmerksam zuhörte. Wir erzählten von der Not unserer Menschen in den schweren ersten Jahren nach dem Krieg, von der Einstellung und dem Willen zu einem neuen friedlichen Leben ohne Kommunismus in einer demokratischen Welt.

Inzwischen war der Abend hereingebrochen. Die Speaker's Corner war nur matt von Lampen erhellt. Wir sahen voll

Staunen, wie die Menschenmenge um uns herum immer mehr gewachsen war. Manchmal warfen andere in mehr oder weniger gutem Deutsch oder auf Englisch etwas ins Gespräch ein. Sie fragten oder gaben ihre Meinung kund. Sie alle waren an Deutschland interessiert. Unser Kreis war ebensogroß wie die Runden der anderen. Wir waren selber ungewollt Hyde-Park-Speakers geworden.

Die Begegnung mit den Menschen war eindrucksvoller für uns als alle Gebäude und Sehenswürdigkeiten. Wir haben mit ein paar Menschen Freundschaft geschlossen, und wir spürten, daß uns nichts trennte innerlich, auch keine Landesgrenzen und keiner der vergangenen Kriege. Zu wissen, daß wir uns gern haben, daß wir einander verstehen und daß wir die Tage zusammen nicht vergessen werden, ist das Schönste, was wir mit zurückbringen konnten.

Ein Bobby gibt uns geduldig Auskunft.

Aus: „Deutschland – Wunderland", Reihe ZEITGUT, Band 18.

[Ingolstadt, Bayern – im Staat New York – München –
Wasserburg – Prien/Chiemsee;
Sommer 1952]

Paul Misch

Eine Radltour mit sechs Mädchen

An einem Sommerabend warf Reiner Kieselsteine an das erleuchtete Fenster meiner Junggesellenbude im ersten Stock. Reiner war jünger als ich und studierte noch. Im Posaunenchor blies er mit seiner Trompete die zweite Stimme; daher kannten wir uns. Die Kieselsteine hatte er von der nicht asphaltierten Straße aufgelesen. „Zweimal läuten!" stand unter meinem Namen neben dem meiner Vermieterin Berta und ihrer Familie. Es war bereits zu spät für reguläre Besuche. Ich öffnete die Haustür und ließ Reiner heraufkommen.

„Fahr mit uns zum Chiemsee! Dann wären wir bei der Radltour sechs Mädchen und zwei Jungen!"

Mit dieser Aufforderung riß mich Reiner aus dem Alltag und ging bald wieder. Sechs Mädchen! Im Laufe der Nacht festigte sich mein Entschluß mitzufahren.

Kaum vier Jahre zuvor, 1948, hatte es in meinem Leben eine „Stunde Null" gegeben. Nach 39 Monaten amerikanischer und französischer Kriegsgefangenschaft war ich in Bayern angekommen. In meiner Heimat Kreuzburg in Oberschlesien siedelten jetzt fremde Menschen; dorthin konnte ich nicht mehr. Der bayerische Dialekt war für meine Ohren doch sehr gewöhnungsbedürftig. Bei der Evangelischen Jugend fand ich Nestwärme und Orientierungshilfen.

Bis zum 11. Dezember 1944, dem Tag meiner Gefangennahme durch Amerikaner im Hürtgenwald, funktionierte eine Brieffreundschaft mit Adelheid. Am 2. Dezember 1944, meinem 17. Geburtstag, bekam ich die letzte Heimatpost. In Kriegsgefangenschaft hatte ich mehr als drei Jahre lang kein weibliches Wesen berühren können, und davor – als Freiwilliger bei der Luftwaffe, im Reichsarbeitsdienst, in der Hölle des Krieges – war keine Zeit für Mädchen gewesen.

Als Kriegsgefangener in einer Konservenfabrik im Staate New York arbeitend, verliebte ich mich in ein junges Mädchen an der Dosen-Abfüllmaschine. Ich mußte mit grünen Erbsen gefüllte heiße Dosen mit einem Lederriemen erfassen und sie in einen Kühlbehälter stellen. Wenn die Maschine reibungslos funktionierte – dafür war die junge Amerikanerin zuständig –, spuckte sie fortlaufend heiße Dosen aus. Wir leisteten beide Saisonarbeit.

Bald lächelte Shirley den ganzen Tag zu mir herüber. Mein Gesicht, meine Arme waren gebräunt. Neugierig suchten meine Augen ihren Blick. Nur ein einziges Mal – eine Dose war weggerutscht – griff sie herüber und berührte meine Hände. Es blieb bei der Begegnung unserer Augenpaare.

Einer aus unserer Lagerbaracke hatte sich in einem geeigneten Augenblick vom Arbeitskommando entfernt. Auch bei der Zählkontrolle blieb er verschwunden. Am Tag darauf aber war er wieder im Lager. Der Sheriff hatte ihn mit seiner Freundin aus der Fabrik im Ortskino aufgegriffen. Er wurde in ein weiter entferntes Kriegsgefangenenlager verlegt. Aus war für beide der Traum, bevor er Wirklichkeit werden konnte.

Hier in Ingolstadt ging ich, wenn meine Zeit es erlaubte, zum Tanzen. Zu festeren Beziehungen mit einem Mädchen ließ ich es nicht kommen. „Die wollten doch gleich Kinder", argwöhnte ich. Meine Existenzgrundlage war zu schmal und nicht gesichert. In meinem neuen Beruf als Kaufmännischer Angestellter in der Automobilindustrie wollte und mußte ich viel lernen. Ich belegte Fernkurse.

Kurze Zeit bügelte ein Mädchen meine Hemden. Das übernahm später jahrelang meine Wirtin Berta und erhielt dafür neben der Miete ein paar Mark zusätzlich – eine klare Rechnung für uns beide. Auf Tanzböden oder gar beim Tanzkurs gingen die Rechnungen nicht ganz so klar auf.

Eine Radtour mit sechs Mädchen, was für ein aufregendes Abenteuer! Wo mehrere Mädchen gleichzeitig waren und nur zwei Jungen, konnte ich mich in alle verlieben. Mehr als 400 Kilometer waren zu fahren, zwei Herbergen schon eingeplant. Die Mädchen brauchten mindestens zwei Jungen! Diese Überzeugung teilte ich mit Reiner. Wer sollte ihnen denn den Reifen flicken, wenn es nötig wurde, oder ein Pflaster aufkleben, wenn sie verletzt waren?

Längst hatte sich mein Vorhaben herumgesprochen. Schmunzelnd gab mir mein Chef ein paar Tage Urlaub.

Bei der Evangelischen Jugend trieben wir auch manche Späße, wie hier die zwei mit ihrem Wimpel bei einem Bauern während einer Wanderung.

Kurz nach Sonnenaufgang verließen sechs Mädchen und zwei Jungen mit ihren gangschaltungslosen Fahrrädern die Stadt an der blauen Donau. Unsere Rucksäcke waren vollgepackt. Die Gruppe akzeptierte mich anstandslos. So schnell hatte ich selten zuvor den Alltag vergessen. 1952 gab es auf Fernstraßen und in Ortschaften wenig Autoverkehr. Eine Jugendherberge in München war Ziel unserer ersten Etappe. Wir besuchten das Nymphenburger Schloß und den Garten, anschließend legten wir zur Erfrischung eine ausgiebige Pause im Freibad ein. Die Übernachtung war kein Problem.

Gut gefrühstückt verließen wir am nächsten Morgen mit einem Wanderlied auf den Lippen die Landeshauptstadt Richtung Süden. Heißer als tags zuvor war es bald. Die Mädchen wünschten sich Abkühlung. Auf der Landkarte entdeckten wir einen See, nicht weit von der Hauptstraße entfernt. Was könnte bei diesem Wetter schöner sein, als mit den sechs Holden in einem Waldsee zu baden?

Zum anderen Ufer wollten wir schwimmen. Daß dort Schlingpflanzen über Schlingpflanzen wucherten, konnten wir nicht wissen. Sumpfiges Ufer! Auch wir Jungen hatten kein gutes Gefühl. Es half nichts, wir mußten umkehren und die weite Strecke ohne Pause zurückschwimmen.

„Nur keine Hektik! Lassen wir uns Zeit!" beruhigten wir uns gegenseitig. Wohlbehalten kamen wir zum Ausgangspunkt zurück. Niemand hatte seine Kräfte überfordert. Wir vesperten, unsere Rucksäcke wurden leichter. Weiterfahren, unserem Ziel näherkommen?

Den Mädchen stand der Sinn nach anderem: Sie wollten die kommende Nacht auf Stroh und Heu verbringen! Nicht weit vom Waldsee entfernt entdeckten wir eine Gutsscheune. Hoffte die Jugendleiterin unserer erlebnisdurstigen Schar, der Gutsverwalter würde ablehnen? Wer hätte den Mädchen nein sagen können?

Einige Bedingungen stellte er allerdings: Erst nach Sonnenuntergang durften wir die Scheune betreten. Die Mäd-

Sommer 1952. Fröbliche Rast am Waldesrand. Mein Freund Reiner, im Hintergrund und ich, rechts, mit unseren sechs Mädchen bei der Radltour von Ingolstadt zum Chiemsee.

chen sollten sich nur im Freien kämmen; Nadeln, Haarspangen und dergleichen durften auf keinen Fall in Heu und Stroh verlorengehen. Unsere Streichhölzer mußten wir bei ihm abliefern. Bevor die Sonne voll über dem Horizont stand, sollten wir weitergezogen sein, der Gutsherr sollte nichts erfahren. Wir hielten uns daran. Müde und glücklich schlummerten sechs Mädchen und zwei Jungen nebeneinander.

Ungewaschen setzten wir uns am anderen Morgen auf die Fahrräder und winkten dem freundlichen Gutsverwalter zu. Als die Sonne höher stand, frühstückten wir am Waldesrand aus unseren Rucksäcken und wuschen uns im Bach. Als wir in Wasserburg eintrafen, sahen wir wieder zivilisierter aus. Wir besuchten das alte Rathaus aus dem 15. Jahrhundert und versorgten uns mit Proviant. Beim Abendessen saßen wir schon an unserem Ziel, im Priener Heim am Chiemsee.

Kein vorgeplantes Programm war zu bewältigen. Mit der Dampfeisenbahn fuhren wir Jungen anderntags nach dem Frühstück und nach dem Singen froher, lustiger Lieder zum Kahnverleih an den See. Wir blieben nicht allein: Christa und ihre Freundin waren auf ihren Fahrrädern bereits angekommen. Ein Kahn bot Platz für vier. Die Jugendleiterin hatte uns die beiden Mädchen anvertraut. Mit im Boot war meine Kamera. Wasser, Sonne, Lachen, Ausgelassenheit, Spaß und Spiel! Abends fielen wir todmüde in die Betten.

Am nächsten Tag kamen alle Mädchen mit uns aufs Wasser. Weit weg waren der Schul- oder der Arbeitsalltag.

Während der Heimfahrt blieb die Sonne verhangen, es regnete und regnete. Wir radelten und radelten. In München stiegen ein Mädchen und die Jugendleiterin in den Personenzug. Alle anderen strampelten weiter und erreichten bei Sonnenuntergang die Donaubrücke in Ingolstadt. Für Reiner und mich gab es auf dieser Tour kaum etwas zu tun – keine geplatzten Reifen, keine Blessuren. Jugendlich-herzlich verabschiedeten wir uns voneinander.

Näher betrachtet, war das nicht das Ende der Geschichte. Reiner hatte mit seiner Einladung zur Radltour mehr bewirkt: Die weiblichen Wesen riefen verlockende Sehnsüchte wach. Ich mußte und wollte einen Zaun einreißen, den es nicht mehr gab, der auch in mir – anders als ich in Shirley verliebt war – nicht mehr fortzubestehen brauchte. Bis zur glücklichen Zweisamkeit mit Ingeborg, meiner Frau, vergingen zwar noch einige Jahre, doch durch die Radltour hatte ich erkannt, daß ich nicht allein bleiben wollte.

Es lohnt, sich auf den Weg zur „holden Weiblichkeit" zu machen. Sie kommt den Männerherzen ja entgegen.

Aus: „Deutschland – Wunderland", Reihe ZEITGUT, Band 18.

[Köln–Mittenwald, Bayern;
1950–Mai 1953]

Hans Engels

„*Willkommen in Mittenwald!*"

Die Zeiten wurden wieder ruhiger, und die Sorge um Nahrung und Kleidung rückte aus der Mitte des Alltags etwas beiseite. Und urplötzlich vorwitzten hier und da die ersten kleinen Wünsche hervor, zunächst etwas zaghaft vielleicht. Man konnte ja nie wissen, wie der liebe Mitmensch mit neidischem Blick aus den Augenwinkeln blinzelte, unauffällig, aber doch so, daß man es nicht übersehen konnte. Und so mag auch mein Vater lange gezögert haben, bis er es wagte, sich den ersten Wunsch zu erfüllen. Er kaufte freitagabends eine Tafel Schokolade, „Piasten Mocca Sahne", zu 1,30 DM. Sie war das Wochenendvergnügen für die ganze Familie.

Doch bald, als unser Jahrhundert Halbzeit hatte, rückte Vater mit einem Wunsch heraus, der ihn wohl schon lange bewegt haben mochte, ihn immer wieder in Unruhe versetzte und dann dazu trieb, lange Zahlenkolonnen aufs Papier zu malen, sehr sorgfältig, wie es so seine Art war.

Als er schließlich mit dem Lineal unter das Endergebnis einen Strich machte, seufzte er laut auf und schnaufte: „Das wird noch eine Weile dauern, bis wir nach Mittenwald fahren können."

„Wieso nach Mittenwald?" Mutter war völlig überrascht. „Das ist doch viel zu weit und vor allen Dingen zu teuer!"

„Aber ich möchte doch in die Berge, in die Alpen. Ich habe die Berge noch nie mit eigenen Augen gesehen!"

Vater ließ sich nicht von seinem Wunsch abbringen. Aber er sollte noch lange auf die Erfüllung seines Wunsches warten müssen. Denn auch im nächsten Frühjahr mußte er seine Zahlenreihen wieder in die Schublade legen.

Und wiederum ein Jahr später mußte die Ferienfahrt ausfallen, da für mich das Fest der ersten heiligen Kommunion anstand. Jedermann kann sich ausmalen, daß in diesen drei Jahren die Sehnsucht immer heftiger wurde und fast nicht mehr zu stillen war.

Kaum hatte das Jahr 1953 begonnen, war Vater wieder auf der Suche nach neuen Reiseprospekten. Als er schließlich das Richtige aufgetrieben hatte, viel Auswahl gab es ja nicht, saß er wieder einige Abende am Küchentisch, schrieb und rechnete, verwarf seine Aufstellungen und begann von Neuem. Doch irgendwann legte er erleichtert den Bleistift zur Seite. Es war geschafft! Es gab keinen Zweifel mehr. Die Ferienreise nach Mittenwald war perfekt: Zehn Tage im Mai, in der Vorsaison. Da war es billiger. „Das können wir uns gerade so leisten", meinte Vater. Noch oft mußte ich, wenn ich am Essen herumnörgelte, hören, daß wir ja sparen müßten. Wir würden doch in die Ferien fahren, und man könnte schließlich nicht alles haben.

In den letzten Wochen vor der Fahrt fieberten wir alle vier, Mutter, Vater, mein kleiner Bruder, sieben und ich, elf Jahre alt, in äußerster Anspannung auf das große Ereignis zu. Und als wir uns an einem Donnerstagabend gegen 22 Uhr auf die Polster des Fern-D-Zuges fallen ließen, war dies ein wunderbares Gefühl: Wir hatten es geschafft!

Es folgte eine lange Nacht im dämmrigen Zug, die kein Ende nehmen wollte. An Schlaf war ja nicht zu denken, obwohl mir immer wieder die Augen zufielen.

Als schließlich der Zug von Garmisch-Partenkirchen nach Mittenwald hinaufkeuchte, stand die Sonne schon hoch am Himmel, und Vater begeisterte sich und uns immer mehr für die Großartigkeit und Schönheit der Bergwelt.

Meine Aufmerksamkeit erregte im Augenblick aber wesentlich mehr ein recht dicker Herr. Sein Leib füllte eine riesige Lederhose aus, die bis zu den Knien reichte. Damit sie nicht herunterfiel, hatte er sie an wunderschönen bunten Trägern befestigt. Dazu trug er ein weißes Hemd und Strümpfe, an denen die Füße fehlten.

Er blieb bei den Fahrgästen stehen, begrüßte sie und redete mit ihnen. Als er endlich zu uns kam, lachte er uns an: „Grüß Gott, willkommen in Mittenwald! Ich bin der Markus, und ..."

Ja, das war es dann, denn, was er noch sagte, kann ich nicht wiedergeben. Nicht, weil ich es vergessen hätte, nein, weil ich ihn nicht verstand, obwohl er sich viel Mühe machte, besonders laut zu reden.

Mein zweifarbiges rundes Käppchen, das ich auf dem Kopf trug, schien ihm ausnehmend gut zu gefallen. Denn plötzlich nahm er es mir vom Kopf und grinste, als er mein erschrockenes Gesicht sah. Doch mein Erschrecken war umsonst, denn Markus heftete ein Abzeichen vom Geigenbauort Mittenwald zu den anderen Anstecknadeln an mein Käppchen und setzte es mir wieder auf. Markus sollte in den nächsten Tagen noch des öfteren unser lustiger und kurzweiliger Reisebegleiter sein. Schade nur, daß man ihn so schlecht verstand.

Doch nun hatte er sich schon viel zu lange bei uns aufgehalten. Er hatte es plötzlich sehr eilig, denn der Zug rollte langsam in Mittenwald ein. Noch ein greller Pfiff, der Zug holperte über einige Geleise, und bereits bevor er stand, ertönte vom Bahnsteig her eine feierlich-fröhliche Blasmusik.

Wir schauten aus dem Zugfenster: Was mag das für ein Fest sein? Oder ist vielleicht ein berühmter Ehrengast unter den Fahrgästen?

Es dauerte eine Weile, bis Vater meinte, der Blasmusikempfang gelte wohl uns, den Gästen. Während Vater dabei war, die beiden Koffer aus dem Zug zu schaffen, blickte ich durch die Fensterscheiben auf den Bahnsteig und sah etwas sehr Seltsames: Da standen viele kleine Handwagen. Und zu jedem Wagen gehörte jemand, meist war es eine Frau, die gespannt auf die Leute schaute, die aus dem Zug stiegen.

Als auch wir endlich den Ausstieg erreichten und auf den Bahnsteig kletterten, löste sich aus der wartenden Menge eine große, hagere Frauengestalt mit braungebranntem Gesicht, begrüßte uns, redete etwas, das ich nicht verstand und gab jedem die Hand, die sie vorher an der Schürze abgeputzt hatte. Nun packte sie mit einer Leichtigkeit, als seien sie mit Watte gefüllt, unsere Koffer, setzte sie auf das Wägelchen und zog los. Wir hinterher. Die Hagere zog den Wagen, und wir versuchten beizubleiben. Wenn der Abstand gar zu groß wurde, verlangsamte unser Zugpferd die Fahrt ein wenig und ließ uns vorübergehend aufschließen.

Als wir endlich unsere Ferienunterkunft erreicht hatten, sehnte ich mich nach einem Bett. Ich war ja so müde!

So hat Vater uns und unsere Gastfamilie Kriner 1953 in Mittenwald fotografiert: Mutter mit neuem Mantel, mein kleiner Bruder und ich mit runden Käppchen, die Kriner-Frauen in bayerischer Tracht. Hier gefiel es uns so gut, daß der Kontakt heute noch besteht.

„Zuerst wird sich gewaschen!" tönte da die Mutter, „wenigstens Hände und Gesicht!"

Ich wurde sogar ein wenig munter, denn da war wieder etwas Besonderes: In dem Zimmer war kein Wasserhahn. Man mußte das Wasser aus einem Krug in eine Porzellanschüssel gießen. War er leer, so konnte man neues, frisches Wasser an einer Schwengelpumpe in der Küche holen.

Von den vielen kleinen Ereignissen dieser Ferienzeit sind mir zwei besonders in Erinnerung geblieben, und merkwürdigerweise ging es bei beiden Begebenheiten um Geld.

Ich hatte ja auch immer Sorge, daß das Geld nicht reichen würde. Denn jeden Abend machte Vater Kassensturz, um zu prüfen, ob wir unsere finanziellen Möglichkeiten nicht überschritten hätten. Zweimal war dies so ernüchternd, daß Vater für den nächsten Tag den Besuch des Gasthauses strich und Selbstverpflegung anordnete.

Am ersten Ferientag hatte Vater einen Plan gemacht und alles genau festgelegt. Das war so eine Eigenart, mit der er sich die notwendige Sicherheit auf dem Weg durch die Unwägbarkeiten des Lebens verschaffte. – Dies muß eine große Wirkung auf mich ausgeübt haben, denn auch heute noch beobachte ich das milde Lächeln meiner Frau, wenn auch in meinem Lebenshaus kaum etwas ohne Zeichnung oder Aufzeichnung geschieht. Doch bis jetzt bin ich nicht schlecht damit gefahren. – Aus den Aufzeichnungen meines Vaters ergab sich selbstverständlich auch die Notwendigkeit, den Plan genauestens auszuführen.

So war denn auch der Dienstag für eine Wanderung zur Brunnsteinhütte vorgesehen. Es war ein Tag, wie ihn vielleicht mancher Gemüse-Bauer liebt oder wie ihn ein Faulpelz ersehnt, wenn er eine Entschuldigung sucht, um am Morgen nicht aufstehen zu müssen: Es regnete in Strömen. Auch der Blick zum Himmel verkündete, daß heute ein sehr eintöniges, gleichbleibendes Wetter zu erwarten sei.

Die geplante Bergtour fiel aber nicht aus, sondern buchstäblich ins Wasser. Naß bis auf die Haut kamen wir am späten Mittag an der Hütte an.

Als wir die Tür zur Hütte öffneten, schlug uns wohlige Wärme entgegen. Das Feuer im Kachelofen brannte. Es tat so gut, den Bauch und dann den Rücken an die warmen Kacheln zu lehnen und die Wärme zu spüren, die allmählich durch die nasse Kleidung zog und die zitternde Haut erreichte. Vater bestellte für jeden von uns eine heiße Erbswurstsuppe, die wir genüßlich schlürften. Dazu aßen wir ein Butterbrot, das wir mitgenommen hatten. Es dauerte nicht lange, da war der Teller leer, der Hunger aber um so größer.

Die wenigen Gäste in der Hütte hatten alle schon den Heimweg angetreten, als der Hüttenwirt uns bat, doch in die Küche umzuziehen. Dort sei es wärmer und gemütlicher. Vater hatte nichts dagegen und ich noch weniger.

Es war so behaglich, daß ich nicht an den Abstieg denken durfte, da wir dann hinaus mußten in das unwirtliche Wetter. In der wohligen Wärme wären mir bald die Augen zugefallen, wenn nicht plötzlich einige Nußecken aufgetaucht wären. Und während Vater und der Hüttenwirt miteinander plauderten, als seien sie Schulfreunde gewesen, saßen wir andächtig dabei und hörten zu. Vater war in einer solch heiteren Stimmung, daß ich plötzlich fürchtete, er wäre nicht mehr recht bei Sinnen. Denn mit einem Mal hatte er durch die geöffnete Türe in der Speisekammer noch vier Stücke Erdbeerkuchen entdeckt. In der gelösten Stimmung, in der er nun einmal war, mußte der Kuchen unter uns aufgeteilt werden. Ich habe Vater selten so glücklich und zufrieden gesehen, und dieses Gefühl strahlte auch auf uns aus.

Als es in der Hütte immer dämmriger wurde und nur noch das rote Licht der Glut aus dem Herdfeuer in die Stube fiel, mußten wir uns doch auf den Heimweg machen, zwar mit einem leeren Geldbeutel, aber wohlgefüllt mit guten Sachen und mit einer heiteren Seele.

Das Foto zeigt meinen kleinen Bruder Gerd auf dem Bergpfad zur Brunnsteinhütte in Mittenwald. Im Winter zuvor war hier eine Lawine abgegangen, ganz dicht an der Hütte vorbei.

Inzwischen hatte der Regen nachgelassen, nur dunkles Gewölk zog, von heftigem Wind getrieben, manchmal in Fetzen zerfleddert, über uns hinweg. Hier und da tauchten plötzlich, wie von Geisterhand emporgerissen, nasse, graue Nebelschleier auf, als stiegen sie als letzte Reste kalten Lebenshauchs aus den Erd- und Felsspalten einer zerstörten Märchenwelt. Es schien, als hätte ein unerbittlicher Kampf zwischen mächtigen Riesen stattgefunden. Gewaltige Baumstämme hatten sie der Erde entwurzelt, hatten dabei den Leib der Erde aufgerissen und waren mit ihnen aufeinander losgegangen. Und die Stämme waren wie Streichhölzer zersplittert und türmten sich, bald kreuz und quer übereinandergeworfen, über der verwundeten Erde auf. Erst im Frühjahr wurde das ganze Ausmaß der Zerstörung sichtbar. Wie uns der Wirt erzählte, hatten Waldarbeiter dann begonnen, den Bergpfad zur Brunnsteinhütte freizulegen.

Als wir wieder im Tal ankamen, lichtete sich die dunkle Wolkendecke, und bald leuchtete die wärmende Abendsonne und überzog die weiten Wiesen mit ihrem freundlichen Licht. Vater lächelte zufrieden und meinte nur noch zu Mutter: „Morgen nehmen wir zu Mittag ein paar Brote mit!"

Die Ferientage gingen dem Ende zu, und nach Vaters Planungen standen noch zwei Wanderungen auf dem Programm. Aber schon am Morgen klappte es nicht so recht mit dem Aufstehen, und dann schien die Sonne so unbarmherzig vom Himmel, daß der Weg immer länger zu werden schien und daß die Zeit immer schnellere Füße bekam. Als wir schließlich an unserem Zielgasthaus ankamen, war der Mittag schon längst vorbei. Alle Speisen auf der Speisekarte, die für uns erschwinglich waren, waren „ausgegangen", außer Königsberger Klopse. Aber die mochte keiner von uns, und außerdem fährt man nicht nach Mittenwald in die Ferien, um Königsberger Klopse zu essen. Der Koch in der Küche, so meinte die Bedienung, wäre wohl bereit, für uns noch Wiener Schnitzel zuzubereiten. Ohne nach dem Preis zu fragen, bestellte Vater für jeden von uns ein Wiener Schnitzel, dazu Röstkartoffeln, Salat und zwei Bier und zwei Limo.

Und dann kamen die Schnitzel. Riesenschnitzel!

Noch nie hatte es für mich zu einem ganzen Schnitzel gereicht und außerdem war dieses an Größe nicht zu überbieten. Mir schmeckte es vortrefflich, doch im Stillen hegte ich Zweifel: Ob Vater das auch alles bezahlen kann?

Als er bezahlt hatte, lachte er: „So, jetzt sind wir eine Sorge los. Wir brauchen uns keine Gedanken mehr zu machen, wie wir unser Geld ausgeben."

Und da es schon Nachmittag war, für einen weiteren Spaziergang viel zu spät, legten wir uns auf ein Rasenstück am Kranzberg und genossen die wohlige Wärme der Sonnenstrahlen des letzten Ferientages.

Aus: „Schlüssel-Kinder", Reihe ZEITGUT, Band 6.

[Hameln – Mittenwald, Oberbayern;
1952]

Jürgen Hagenmeyer

Eine Nacht im „Alpen-See-Expreß"

Eines Abends kam meine Mutter aus dem Geschäft und ver-
kündete beim Abendessen: „Wir werden im kommenden Som-
mer eine Ferienreise machen. Ratet mal, wo es hingehen soll!"
Natürlich jubelten mein jüngerer Bruder und ich bei dieser
Nachricht, aber es dauerte eine ganze Weile, bis wir ihr den
Zielort entlockt hatten: Mittenwald in Oberbayern.

Da wir wußten, daß Mutter das Geld für unseren Lebens-
unterhalt sehr hart verdienen mußte, und wir deshalb immer wieder zur Sparsamkeit angehalten wurden, war diese
wunderbare Neuigkeit kaum zu fassen. Mutters Chef und
seine Frau hatten uns zu dieser Reise eingeladen, als Dank
und Anerkennung für ihren besonderen Einsatz in der Firma während seiner längeren Krankheit.

Die Sommerferien nahten, und eines Tages war es dann
soweit. Am Tag vor der Abreise war bereits ein Koffer nach
Mittenwald am Bahnhof aufgegeben worden. Die Aussicht
auf eine Zugfahrt die Nacht hindurch bis zum nächsten Mittag verhieß, ein spannendes Abenteuer zu werden. Wir fieberten dem Abend entgegen, an dem uns der Personenzug
mit seinen engen Holzklasse-Abteilen nach Hannover bringen sollte. Dort würden uns Verwandte meines Vaters erwarten, die uns zum Abendessen ins Bahnhofsrestaurant eingeladen hatten, um uns die zweistündige Wartezeit bis zur
Abfahrt des „Alpen-See-Expresses" zu verkürzen.

Eine Aufnahme aus dem Jahr 1947: Meine Mutter, mein kleiner Bruder Friedrich-Uwe und ich (rechts). Für unsere erste große Reise waren wir nun, im Jahr 1952, groß genug.

Mutter trug das beigefarbene, praktische Schneiderkostüm und die kleine braune Sportkappe, wir waren gleichfalls zweckmäßig für eine nächtliche Reise im Zug gekleidet. Die Reisetasche barg die große Aluminiumdose mit den Broten sowie eine Thermosflasche, die kurz vor der Abreise mit Zitronentee gefüllt worden war. Einige Äpfel ergänzten den Proviant. Ungeachtet der Einladung unserer Verwandten, die uns Mutter mit dem Zusatz: „Bitte, seid bescheiden, fragt mich lieber vorher!" übermittelte, wäre ein Abendessen im Speisewagen für uns ein unangemessener Luxus gewesen.

Bald nach 21 Uhr sollte der Schnellzug, von Hamburg kommend, Hannover erreichen. Wir standen rechtzeitig mit vielen anderen Menschen auf dem Bahnsteig bereit. Die Lokomotive zischte heran und kam mit der langen Schlange der Waggons rechtzeitig zum Stehen. Meine Mutter reichte einem Pagen die Platzkarten, er nahm unser Gepäck und brachte es zu den angegebenen Plätzen. Expreßzüge entsprachen damals im Hinblick auf Komfort und Reisegeschwindigkeit weder zeitgemäßen Vorstellungen noch dem Ambiente der legendären Luxuszüge aus der Zwischenkriegszeit. Die modernisierten Waggons wurden bis in die 70er Jahre für Eilzüge verwendet. Auf engen, veloursgepolsterten Sitzen, für weite Reisen etwas unbequem, verbrachten wir die Nacht und den darauffolgenden Vormittag.

Als Alternative wurden Hängematten angeboten, die bereits zwischen einzelnen Gepäckraufen baumelten. Wir Kinder genossen die pittoreske Atmosphäre, und die Erwachsenen mit ihren bescheidenen Ansprüchen an einen Reisekomfort freuten sich, den Alltagssorgen der Wiederaufbauzeit kurzfristig entfliehen zu können. Irgendwann zwischen Göttingen und Bebra mußte uns die Müdigkeit übermannt haben. Wir erwachten erst wieder, als der Zug die Schleifen des Mains entlangfuhr und die Weinberge zu sehen waren.

In Würzburg wurde ein schwerer, alter Teakholz-Speisewagen angehängt. Und Mutter hatte doch tatsächlich, um uns zu überraschen, Bons für ein Frühstück gekauft! Wie erzählt wurde, hatte ich mich, als wir während des Krieges einmal in einem Speisewagen gereist waren, durch vorbildliche Artigkeit ausgezeichnet. Nun glaubte meine Mutter, mit ihren Buben, elf und 13 Jahre alt, dieses Wagnis eingehen zu können und dort nicht unangenehm aufzufallen. Bis heute fasziniert es mich, in einem Speisewagen, sprich: Zug-Restaurant, etwas zu essen oder zu trinken und dabei draußen die unterschiedlichen Landschaften vorbeiziehen zu lassen.

Die für eine Dampflokomotive so typischen Gerüche, der Dampf und der Schmutz, sind heute nur noch auf Sonderzugfahrten für Fans historischer Eisenbahnen zu erleben. Ebenfalls entfallen sind in klimatisierten Waggons die damals üblichen Vorsichtsmaßregeln, nicht in Richtung der Lokomotive zu schauen, um ja nichts in die Augen zu bekommen, und in einem Tunnel die Fenster zu schließen.

In Nürnberg bestaunten wir die erste elektrische Lokomotive. Sie zog uns durch das Altmühltal bis Augsburg. Dann kamen bald die Berge in Sicht. Die ersten Kirchen mit „Zwiebeltürmen" und schindelgedeckte Häuser mit Holzstößen tauchten auf, dazu die Heustadel auf den Wiesen. Die Vielfalt der neuen Eindrücke überdeckte alle Müdigkeit nach der langen Bahnfahrt. Die ersten Reisenden stiegen bereits aus und wurden von ihren Quartierwirten am Bahnhof empfangen. An größeren Halteorten musizierten sogar Blaskapellen, Männer in kurzen Lederhosen, grauen Joppen und mit Gamsbart- oder Federhüten bliesen zum Empfang der eintreffenden Feriengäste. Gegen Mittag erreichte der Zug Mittenwald, auch hier das gleiche Bild. Unsere freundlichen Quartierswirte, eine Geigenbauerfamilie, erwarteten uns am Bahnhof mit einem Handwagen zum Transport des Gepäcks.

Für zwei Wochen bezogen wir ein kleines Dreibettzimmerchen mit Balkon, das über dem Kuhstall lag und einen faszinierenden Ausblick zum Karwendelmassiv bot. Das Abendbrot nahmen wir im Zimmer oder auf dem Balkon ein, wo auch die Eßwaren kühl gehalten wurden. Das Frühstück war nach modernem Verständnis „continental": zwei Brötchen oder Schnitten, etwas Butter und ein Klecks Marmelade für jeden. Sonntags gab es noch ein Ei dazu. Die in den Vertragsgaststätten einzulösenden Gutscheine im Wert von DM 2,50 mußten eingeteilt werden, einer reichte fast für ein „Wiener Schnitzel", das Lieblingsgericht meines Bruders.

Ein Heimat- und Begrüßungsabend gehörte ebenso zum Programm wie eine Führung durch den Ort, das so malerische Geigenbauerdorf. Noch weit entfernt vom Massentourismus hatte sich Mittenwald den Charme eines alten Marktfleckens bewahrt. Wenige Autos, mehr Fuhrwerke durchquerten den Ort am Obermarkt. Auf den Wanderungen in die wunderschöne Landschaft lernte ich damals die Berge lieben und nach vierzehn erlebnisreichen Tagen fiel mir der Abschied von dort sichtlich schwer.

Aus: „Schlüssel-Kinder", Reihe ZEITGUT, Band 6.

[Finsterwalde, Mark Brandenburg –
Kühlungsborn, Ostsee;
17./18. Juni 1953]

Gretel Hardeland

Getrübte Ferienfreude

Ich war 24 Jahre alt und restlos glücklich, hatte ich doch
Anfang Juni 1953 von meinem Betrieb in Finsterwalde, Kjell-
berg Elektroden & Maschinen GmbH in Verwaltung, einen
Ferienplatz in einem FDGB-Heim in Kühlungsborn an der
Ostsee bekommen. Für die 14 Tage bezahlte ich 50 Mark.

Die Reise von Finsterwalde über Berlin und Bad Doberan
dauerte einen ganzen Tag. Abends waren alle Strapazen vergessen, ich hatte sogar ein Einzelzimmer. Die nächsten Tage
brachten herrlichen Sonnenschein. Schnell fand sich eine lustige Gesellschaft gleichaltriger junger Leute zusammen, wir
saßen bei den Mahlzeiten zusammen am Tisch, gingen
abends tanzen, schwammen gemeinsam in der Ostsee, wir
genossen unbeschwerte Ferientage.

Wir hatten viel Unsinn im Sinn, liefen zum Beispiel, weil
es uns Spaß machte, zu sechst oder acht hintereinander durch
den Ort zum Strand, ein Bein auf dem Fahrdamm, eins auf
dem Bordstein, dazu ertönte im Takt: „Wie lang, wie lang,
wie lang ist die Chaussee, rechts 'ne Pappel, links 'ne Pappel, mittendrin ein Pferdeappel ..." – wer kannte das wohl
nicht in seiner Jugend?

So hatte ich die Rechtsanwaltsgehilfen aus Potsdam und
Umgebung am Himmelfahrtstag zur Obstblütenzeit durch
Caputh und Werder ziehen sehen, mit Kreissäge und Klin-
gel am Spazierstock in langen Reihen hintereinander. Kreis-

säge, Strohhut und Spazierstock hatten wir in Kühlungsborn zwar nicht, aber einen Mordsspaß dabei.

In unserem FDGB-Heim war des öfteren morgens, wenn
man sich waschen wollte, das Wasser knapp. Wir trafen uns
daher morgens um 7 Uhr vor dem Heim und marschierten
zum Strand, um uns in der Ostsee zu tummeln und „gewaschen" zum Frühstück zu erscheinen. Eines Morgens war
unser Frühbad ein voller Erfolg, und wir waren endgültig
als Spaßvögel von Kühlungsborn bekannt. Wir hatten beim
Herumplantschen in Strandnähe nicht gemerkt, daß ein
Stück weiter von uns ein Fischkutter seinen Motor laufen
ließ und eine Menge Öl ins Wasser gelangt war. Wir kamen
statt rein gewaschen schwarz gesprenkelt aus dem Wasser.
Abwischen nutzte nichts, wir mußten zum Gaudi aller Früh-
aufsteher völlig veröIt ins Heim zurückgehen, wo wir sogar
warmes Wasser bekamen, um uns abzuschrubben.

So ein Idyll konnte ja nicht ewig währen, sagten wir wenige Tage später beim Abschiednehmen.

Wir gingen abends tanzen. Ein Berliner Pärchen tanzte
an uns vorbei, wir kannten sie vom Sehen. Der junge Mann
flüsterte uns zu: „In Berlin wird gestreikt, es soll auch ge-
schossen worden sein."

Dann zogen die beiden weiter, um auch anderen die
schreckliche Nachricht zuzuflüstern.

Wir alle waren völlig ratlos, betroffen, die Gerüchteküche
brodelte, keiner mochte glauben, daß so etwas möglich sei ...
Streik ... Schüsse ...?

Der Tanzabend ging um Mitternacht zu Ende, es hatte
keine Unterbrechung, keine offizielle Nachricht gegeben.
Bedrückt gingen wir nach Hause. Auch am nächsten Morgen beim Frühstück kein Wort, keine Erklärung, nichts.

Was soll's?, dachten wir, vielleicht ist es ja doch nicht so
schlimm. Wir trafen uns wie immer vor der Tür, um gemeinsam zum Strand zu gehen. Wir standen noch keine zwei Minuten zu viert beieinander, um auf den Rest der Clique zu

warten, da erschienen zwei Volkspolizisten und forderten uns in strammer Haltung auf: „Gehen Sie sofort auseinander, Menschenansammlungen sind untersagt!"

Wir verstanden zunächst gar nichts, wir waren ja nur vier Leute, doch die Vopos klärten uns nun mit strenger Miene auf, in Berlin sei Ausnahmezustand, und ab sofort wären auch in der übrigen Republik „Zusammenrottungen" oder Versammlungen verboten, es dürften nicht mehr als zwei Personen zusammen stehenbleiben.

Erinnerung an meinen ersten FDGB-Urlaub im Juni 1953. Braungebrannt sitze ich, links, mit einer Freundin am Ostseestrand von Kühlungsborn.

Wir faßten es nicht, rückten aber – je zwei und zwei – ein bißchen auseinander und warteten schweigend, bis unsere beiden Nachzügler erschienen und wir ihnen zu erklären versuchten, was passiert war. Die Betroffenheit währte nicht lange, ein Blick von einem zu andern, und los ging's, immer zwei hintereinander, ein Meter Abstand, dann die nächsten zwei und so fort, ein Bein oben, ein Bein unten, Richtung Strand, und weil 's so lustig aussah, schlossen sich noch ein paar Leutchen an. Wenn wir doch nur nicht dabei unseren „Schlachtruf" gesungen hätten!

Einer stimmte zur Abwechslung nämlich an:

> *Ein Hut, ein Stock, ein Schirm,*
> *der Mensch, der kann sich irr'n ...*

Das hatten wir an anderen Tagen auch schon ausprobiert, und keiner dachte sich etwas dabei. In den Ohren der Kühlungsborner Polizei war das jedoch sofort der Aufruf zum Aufruhr!

Wir kamen nicht mehr bis zum Strand, wir wurden angehalten und ins FDGB-Heim zurückbeordert. Dort tagte die Heimleitung bis zum Mittagessen, um dann eine Versammlung aller Urlauber unseres Ferienheimes einzuberufen und über das aufsässige und – wie sagte der Heimchef – antisozialistische und undemokratische Verhalten einiger junger Leute zu berichten, die schließlich dem sozialistischen Staat zu verdanken hätten, daß sie einen Ferienplatz an der Ostsee bekommen hatten. Nach unserem aufrührerischen, die widerrechtlich in Berlin Streikenden unterstützenden Verhalten seien wir es nicht wert, den Urlaub unter den anderen Werktätigen, die sich anständig verhielten, bis zum Ende zu verbringen. Er beantragte daher, daß alle Heimbewohner beschließen sollten, uns sofort nach Hause zu schicken.

Es geschah jedoch ein Wunder: Alle Urlauber protestierten einstimmig gegen den Antrag!

Mehrere von ihnen erklärten, wir hätten uns niemals auffällig oder gar unsittlich benommen, wir wären nie betrunken gewesen, wir hätten mit unseren Einfällen die Leute nur zum Lachen gebracht. Wir seien einfach nur eine ganz normale lustige Gruppe junger Leute, die den Urlaub genießen wollten.

Diese Einmütigkeit verschlug dem FDGB-Funktionär die Sprache, er verkündete kleinlaut, wir dürften bleiben und schloß die Versammlung.

Uns blieben ohnehin nur noch ein paar Tage. Die Stimmung war durch die Ereignisse in Berlin sowieso getrübt, man erfuhr hinter vorgehaltener Hand nach und nach von Ereignissen, die nicht in den Zeitungen standen.

Die Rückreise war noch umständlicher als die Hinfahrt, ich mußte um Berlin herumfahren, etwa die Strecke, wie sie nach dem Mauerbau 1961 verlief.

Aus: „Deutschland – Wunderland", Reihe ZEITGUT, Band 18.

[Hamburg – bei Ulm – Chiasso, Biasca, Basel, Schweiz –
Oberhausen, Ruhrgebiet;
Frühjahr/Sommer 1953]

Hiltrud Klüß

Wir träumten nicht nur von Italien

Meine Freundin Dagi und ich besuchten in Hamburg die letzte Klasse der Frauenfachschule und gingen aufs Abitur zu. Unsere Klasse F III war in die Meisterschule für Mode in die Armgartstraße ausgelagert. An einem sonnigen Frühlingstag gingen wir in unserer Mittagspause an der nahegelegenen Alster spazieren. Es war herrliches Wetter, die Rosen hatten schon dicke Knospen, als wir von Italien träumten. Jetzt müßte man verreisen ... Es dürfte nicht teuer sein und es sollte schon mit netten Leuten weit weg, in den sonnigen Süden führen! Wo gab es so eine Möglichkeit für uns? Vielleicht suchte jemand Mitfahrer?

Dagmar fiel eine Anzeige ein, die sie vor ein paar Tagen in der Zeitung gelesen hatte. Sie wollte versuchen, die Zeitung wiederzufinden. Ich konnte den nächsten Tag kaum erwarten. Und tatsächlich – sie brachte die Annonce mit! Drei junge Männer suchten nette Mädchen zum Mitfahren in einem „Bully" Richtung Süden. Wir waren sofort Feuer und Flamme und malten uns die Reise in den schönsten Farben aus. Gleich antworteten wir mit einer Postkarte, die Dagi in weiser Voraussicht mitgebracht hatte.

Nach einigen Tagen erhielten wir Nachricht und den Vorschlag zu einem ersten Treffen. Leider war ich an diesem Termin verhindert, aber Dagi ging hin. Sie fand die drei Jungen – Gert, Uwe und Hans – ganz passabel. Nun fehlten noch drei weitere Mitfahrer. Gesucht wurden zwei Mädchen und ein Junge. Wir anderen waren alle gleichaltrig – das paßte schon mal. Zwei arbeiteten bereits im Beruf, einer studierte wie wir. Schließlich fanden sich die fehlenden, die allerdings gar nicht gut zu uns paßten. Aber das stellten wir erst auf der Fahrt fest. Wir vereinbarten einige Zusammenkünfte, an denen ich nun auch teilnahm, um alles Nötige zu besprechen. Meine Mutter fragte mich, wie mir die Jungen gefielen. Ich antwortete: „Ach, die sind ganz nett, wir wollen sie ja nicht heiraten!"

Ein VW-Bus sollte angemietet werden. Vier Zelte, Luftmatratzen und Bettzeug brauchten wir, dazu Kochgeräte und Geschirr. Wegen der Kosten wollten wir uns nach Möglichkeit selbst versorgen. Deshalb teilten wir unsere Reiseverpflegung auf, jeder mußte etwas mitbringen. Das Übrige blieb jedem selbst überlassen. Ach, es kam einiges zusammen! Die „Drei", Gert, Uwe und Hans waren schon häufiger mit Mannschaftskanadiern unterwegs gewesen. Die Boote sind räumlich sehr beschränkt, dagegen bot ein Bus sehr viel Platz – dachten sie. Wir anderen waren noch nie auf Campingtour gewesen, hatten noch keine Erfahrung!

Unsere Reise begann damit, daß uns der Autovermieter nicht den vorher versprochenen, sondern einen anderen Bus unterjubelte, der sich als alt und klapperig erwies. Was sollten wir machen? – Alles war vorbereitet, und so gingen wir das Risiko ein. Mich holten die „Drei" als erste ab, bei mir hielt sich die Verspätung noch in Grenzen. Mein Gepäck ließ sich gut verstauen. Bei Werner, dem vierten jungen Mann und den beiden stark geschminkten Mädchen wurde die Sache schon problematischer. Nicht allein des Gepäcks wegen, sondern weil die Jüngste sich als knapp 16jährig entpuppte und zudem ihren Personalausweis vergessen hatte – was ihr aber erst nach einigen Kilometern einfiel! Also zurück, denn wie sollten wir sonst die Grenze passieren?

Inzwischen hatten wir mindestens 1½ Stunden Verspätung, schlecht für unsere Verabredung in Harburg, wo wir Dagmar vom Bahnhof abholen wollten. Sie wohnte zu dieser Zeit in Stade. Wir ließen sie telefonisch auf dem Bahnsteig ausrufen. Die Ärmste wollte gerade wieder nach Hause fahren. Schon bevor wir sie aufnahmen, war unser Wagen bis obenhin voll. Nun aber kam noch ihr Gepäck hinzu, ein großer Koffer, Bettenbündel und etlicher Kleinkram. Wir mußten noch einmal umpacken. Alle Bettsachen wurden auf der hinteren Sitzbank ausgebreitet. Die drei dort Sitzenden stießen bei holprigem Pflaster mit den Köpfen ans Dach. Die Türen gingen kaum noch zu, rühren konnten wir uns alle nicht mehr viel. Bis auf die zwei „Hübschen", die ständig meckerten, haben wir anderen uns trotzdem gut vertragen. Los ging's!

Bereits bei der kleinsten Steigung schnaufte der Wagen beängstigend. Wir waren froh, daß Hans so gut Auto fahren konnte. Zwar besaßen zwei weitere Mitfahrer den Führerschein, aber der eine verfügte noch nicht über Routine und der andere hatte ihn gerade erst erworben.

Auf unserer Fahrt von Hamburg nach Italien Lagebesprechung in Ulm. Von links: Gert, ich, Uwe und Dagi.

Wir kamen nur sehr langsam voran, ein großes Problem waren die Bergstrecken, die bei Kassel begannen. Manchmal dachten wir wirklich, der „Bully" schaffe es nicht. So schleppten wir uns mühsam bis kurz vor Ulm. Dort sollte der Wagen erst einmal untersucht werden.

Auf einer schönen Wiese an einem kleinen Wäldchen schlugen wir unsere vier Zelte auf, ein kleines Flüßchen plätscherte in der Nähe. Damals gab es in Deutschland nur sehr wenige reguläre Campingplätze. Mit Einwilligung des Eigentümers durfte man noch wild zelten. Gert, Uwe und Hans, die unzertrennlichen Drei, gingen noch in die nahegelegene Stadt, Werner, der vierte junge Mann, blieb bei Dagi und mir. Wir sollten Wache halten und hatten nach der langen Fahrt ohnehin keine Lust, noch auszugehen. Die zwei Hübschen wollten etwas erleben. Sie zogen gleich los.

Am nächsten Morgen probten wir den „Ernstfall": Das Frühstück war vorzubereiten. Wer macht was? Immer gibt es solche, die sich einsetzen, und andere, die sich, wo sie nur können, drücken. Zur letzten Sorte gehörten natürlich unsere zwei „Damen". Auch mit Werner ließ sich nicht viel anfangen, zumindest war er gutwillig. Später fuhren unsere Drei zur nächsten VW-Werkstatt. Gegen Nachmittag kamen sie wieder mit der Erkenntnis, daß das Fahren unseres „Bullies" ein Risiko darstellte. Notdürftig war der Wagen in der Werkstatt wieder fahrtüchtig gemacht worden, aber der Motor war nun einmal sehr erneuerungsbedürftig. Hans schlug deshalb vor, die Reise auf Deutschland zu beschränken. Die Mehrheit war jedoch dagegen. Man hatte sich schließlich auf Italien gefreut.

Daraufhin fuhren wir in Richtung Schweiz zum Gotthard-Paß. Die Vernünftigen unter uns plädierten für rechtzeitiges Pausieren und Aufbauen der Zelte, aber die anderen setzten sich durch. Sie wollten so schnell wie möglich ans Ziel gelangen. Inzwischen war es dunkel geworden, und die Suche nach einem geeigneten Platz gestaltete sich immer schwieriger. Zürich lag schon weit unter uns. Eine Tankstelle hatten wir unterwegs vergeblich gesucht. Also weiter!

Der Bus schnaufte über den Gipfel, dann ging es langsam bergab in einen kleinen Ort hinein. Endlich eine Tankstelle – doch die war natürlich geschlossen! Wir versuchten, den Tankwart herauszuklingeln, er ließ sich aber nicht stören. Uns blieb nichts anderes übrig, als bis zum nächsten Morgen in unserem „Bully" auszuharren. Es war kalt und recht beengt, wir konnten uns nirgends ausstrecken.

Gegen 7 Uhr kam der Tankwart zum Vorschein. Wie sich herausstellte, befanden wir uns in der italienischen Schweiz. Mit vollem Tank ging die Fahrt weiter, mittags wollten wir Mailand erreichen. Chiasso hatten wir gerade passiert, als der Motor entsetzlich klopfende Geräusche von sich gab. Hans fuhr sofort rechts heran, stieg aus und warf sich ins Gras! Das Gesicht nach unten, gab er keinen Ton von sich. Nach und nach quollen wir anderen heraus und sahen uns fragend an. Was ist denn nun los?

Als sich Hans etwas gefangen hatte, äußerte er die Vermutung, daß der Motor unwiederbringlich „im Eimer" sei. Wir hielten Rat. Abschleppen war die einzige Möglichkeit. Laut Karte lagen wir zwischen zwei Ortschaften, die eine fünf, die andere sechs Kilometer entfernt. Ein Stück zuvor war uns eine kleine Werkstatt aufgefallen, Gert und ich wurden dazu ausersehen, sie zu suchen. Ich bin in einer solchen Situation lieber aktiv, statt herumzusitzen. Nach einer mühsamen Bergaufwanderung erreichten wir unser Ziel und fanden einen Mechaniker, der bereit war, mit seinem alten „Buick" zu uns zu kommen. Er sah sofort, daß unser Gefährt nur noch abzuschleppen war. Also, alle Mann hinein in die Autos, einige in den Bus, die übrigen in den „Buick" und schon fuhren wir in italienischer Manier – im „Affenzahn" – nach Biasca. In der Werkstatt gaben alle zur Verfügung stehenden Fachkräfte dasselbe Urteil ab: Der „Bully" war hoffnungslos kaputt! Es lohnte sich nicht mehr.

Totaler Zusammenbruch aller hoffnungsvollen Italien-Reisenden. Was nun?

Das Auto und auch wir mußten per Bahn nach Hause fahren. Bis alles geregelt und unser Schrottauto verladen war, blieben wir in Biasca. Wir befanden uns nur wenige Kilometer von unserem begehrten Urlaubsziel entfernt!

Biasca, etwa 25 km nördlich von Locarno gelegen, war ein entzückendes kleines Städtchen mit einer reizvollen Umgebung und einem idyllischen Campingplatz. Dahin brachten wir das Notwendigste aus dem Bus, alles Entbehrliche blieb zunächst drin. Unsere Vorräte, das Nötigste an Geschirr und die wichtigste Kleidung holten wir aus dem Bus heraus. Es sollte ja alles wieder nach Hause transportiert werden.

Zu viert mußten wir jetzt in einem Zwei-Mann-Zelt schlafen. Für die Luftmatratzen blieb kein Platz, so schliefen wir auf der blanken Erde – es war sehr hart!

Auf dem Campingplatz in Biasca schlugen wir nur zwei Zelte auf. Von rechts: Petra, Dagi und ich.

Das Geld wurde knapp. Schließlich mußte die Zugfahrt nach Hause für acht Personen noch bezahlt werden, was sicher eine Unsumme verschlingen würde. Wir versuchten, mit den noch vorhandenen Lebensmitteln auszukommen. Zu dieser Zeit reiften gerade verschiedene Früchte, auch Holunderbeeren. Grieß gehörte zu unseren Vorräten. Dazu kauften wir uns Milch, und so lebten wir ein paar Tage von Grießpudding mit Holunderbeersuppe. Der eine oder andere von uns wurde auch schon mal zum Essen eingeladen. Die Hilfsbereitschaft auf dem Campingplatz war groß und die Zahl der Urlauber dort noch gut überschaubar, daher sprach sich unser Mißgeschick sehr schnell herum.

Von einer bestimmten Ecke aus konnten wir unseren „Bully" auf dem Güterwaggon sehen. Jeden Tag gingen wir einige Male hin, um zu sehen, ob er noch da war. Nach fünf Tagen stellten wir fest, daß der Zug sich auf die Reise begeben hatte. Nun wurde es also auch für uns Zeit aufzubrechen. Wir wollten nach Möglichkeit vor dem Gefährt in Hamburg

Es gibt Holunderbeersuppe. Von links: unsere zwei „Damen", Uwe, Gert, Dagi, Hans und ich. Notdürftig hatten wir uns eingerichtet.

*Da steht er
nun, unser
„Bully".
Er hat's gut, er
wird gefahren!*

sein, damit wir unsere Sachen herausholen konnten, bevor
der Vermieter das Fahrzeug auslösen würde.

Zunächst fuhren wir mit dem Zug nach Basel. Wir hofften, hier Hilfe zu bekommen. Aber alle deutschen Stellen,
die wir konsultierten, meinten, es sei zwar bedauerlich, aber
helfen könnten sie uns nicht. Unsere zwei „Hübschen" hatten sich bereits abgesetzt, sie wollten per Anhalter reisen.

Die Hilfe kam unerwartet. Dagi und ich standen in der
Bahnhofshalle und berieten unsere Lage. Das hörte ein Herr
und sprach uns an. Er entschuldigte sich, daß er sich einmische, habe aber Wortfetzen aufgefangen und herausgehört,
daß wir nach Hamburg wollten. Der Mann hatte eine Reisegesellschaft von Köln nach Basel gebracht und fuhr nun mit
leerem Waggon wieder zurück. Es sei also Platz genug vorhanden. Wir verabredeten uns mit ihm im Restaurant, wo
der andere Teil unserer Gruppe sich aufhielt, und liefen rasch
zum Fahrkartenschalter, wo Gert soeben Fahrkarten lösen
wollte. Wir konnten es gerade noch verhindern, erklärten
ihm die Lage und gingen zu den anderen. Es dauerte nicht
lange, da stellte sich der Herr ein, um uns abzuholen. Allerdings hatte er wohl mit einer Gruppe junger Mädchen gerechnet! Die Jungen schaute er etwas säuerlich an.

Na ja! Er schluckte ein paarmal und erklärte uns dann genau, wo sich der Wagen befand. Wir durften mit unserem Krimskrams einsteigen. Bis Köln war unsere Reise erst einmal gesichert. Während des Halts auf Bahnhöfen mußten wir das Licht löschen und die Rollos herunterlassen, denn der Waggon wurde verschlossen, und es durften keine Fahrgäste einsteigen. Wir selbst wurden als Reisebegleiter deklariert. In dem Wagen war eigentlich genügend Platz für uns alle, aber unsere vier Jungen meinten wohl, sie müßten uns beschützen und achteten sorgsam darauf, daß wir beiden Mädchen nie alleine im Abteil waren. Daher konnten wir uns dann doch hinlegen.

Am nächsten Morgen erreichten wir Köln. Hier angekommen, mußten wir das Abteil mit unserem Gepäck fluchtartig verlassen, weil der Waggon abgekoppelt wurde. Er stand

Morgens nach dem Blitzstart auf dem Kölner Bahnhof mit all unserem Gepäck! Von links: Gert, Uwe, Dagi und Hans.

fast außerhalb des Bahnsteiges. Wir besorgten eine Gepäckkarre und luden alle unsere Habseligkeiten darauf.

Ich wollte weiter nach Oberhausen, um dort meine Cousine Edith zu besuchen. Von dem noch verbleibenden gemeinsamen Reisegeld ließen sich darüber hinaus aber nur vier Fahrkarten bis Hamburg lösen. Einer mußte schwarzfahren.

Ich nahm nur das nötigste Gepäck mit, den Rest beförderten die Freunde wohlbehalten nach Hamburg. Es gab einen tränenreichen Abschied. Ich fuhr in eine andere Richtung. Edith und ihr Mann hatten mich erst eine Woche später erwartet. Ihre Mutter war noch bei ihnen, und so wurde es in der Zwei-Zimmer-Wohnung recht eng, denn inzwischen hatten sie eine Tochter. Ich war so übernächtigt, daß ich, nachdem ich das Wichtigste erzählt hatte, auf dem Sofa einschlief.

Das Nachspiel

Der Autovermieter klagte gegen uns. Doch Gert kannte einen guten Rechtsanwalt. Die Hauptverhandlung fand im September statt. Wir hatten einen sehr verständnisvollen Richter. Er verurteilte den Mann zu Geldstrafen – damit wurden unsere Prozeßkosten gedeckt – und sprach uns frei. Später hörten wir, daß der Vermieter noch mehr Straftaten begangen hatte, die ihn letztlich ins Gefängnis brachten.

Das Ganze hatte auch ein lebensveränderndes „Nachspiel". Auf dem Weg von der letzten Verhandlung ergab es sich, daß Hans und ich zusammen heimgingen. Wir unterhielten uns unter anderem auch über unsere unterschiedlichen Musikinteressen. Das war der Beginn einer fast 40jährigen Ehe!

Beide noch in der Ausbildung, mußten wir bis zur Heirat noch fünf Jahre warten. Außerdem stand es zu Anfang überhaupt noch nicht zur Diskussion. Aber es entstand bald eine feste Freundschaft zwischen uns.

Aus: „Deutschland – Wunderland", Reihe ZEITGUT, Band 18.

[Hameln, Niedersachsen;
Frühjahr 1956]

Jürgen Hagenmeyer

Der Autoreisezug

Im Frühjahr 1956 berichtete die Ortszeitung meiner Heimatstadt, daß die Deutsche Bundesbahn beabsichtige, mit dem Sommerfahrplan erstmalig einen Autoreisezug von Hamburg über Hannover nach Basel SBB einzusetzen. Dieser Zug sollte nicht über die Hauptstrecke Hannover – Göttingen – Fulda, sondern über Hameln – Kassel – Frankfurt verkehren, wobei als Zulade-Station nur Hameln geplant war.

Das bevorstehende Ereignis versetzte nicht nur die eisenbahninteressierten Jungen meines Alters in helle Aufregung, sondern wurde von allen eifrig diskutiert. Hatte doch der etwas bärbeißig wirkende, aber durchaus gutmütige Studienrat Dr. Grußendorff am Gymnasium für Jungen in einem Presseinterview die Aufwertung der Bahnstrecke und damit auch meiner Heimatstadt hervorgehoben. Er galt in dieser Hinsicht als sehr kompetent, stellte er doch für die Lokalzeitung immer die Fahrpläne zu den weit entfernt liegenden Zielen zusammen. „Komet", wie der Zug heißen sollte, weckte bei den Älteren Erinnerungen an den legendären „Fliegenden Hamburger" oder andere berühmte Züge aus der Zeit vor dem Krieg. Damals hatten nur zwei Schnellzugpaare von Köln nach Berlin die Stadt berührt. In den fünfziger Jahren war nur ein Schnellzug nach Braunschweig mit einem Kurswagen nach Berlin übriggeblieben.

Der große Tag war gekommen, der neue Schnellzug sollte

gegen 21 Uhr eintreffen. Mein Freund und ich wollten natürlich dabeisein. Auf dem außenliegenden Bahnsteig 2, von dem gewöhnlich die Lokalzüge nach Lemgo abfuhren und der durch eine Rampe mit dem Vorplatz verbunden war, stand ein einsamer Mercedes-Benz, ein jüngeres Ehepaar in Reisekleidung ging in der Abendsonne auf und ab. Der Jägerzaun trennte die Schaulustigen vom Ort des Geschehens. Nicht weit davon warteten empfangsbereit der Bahnhofsvorsteher, der Mann mit der roten Mütze, und ein Lokalreporter.

Wir hatten das Pfeifen schon von weitem gehört, nun tauchte in der Einfahrt die Dampflokomotive auf, eine Schlange roter und dunkelgrüner Wagen ziehend. Die Zuglaufschilder an den Waggons weckten Sehnsüchte.

Der Zug kam zum Stehen. In dem unscheinbaren ersten Waggon, der wie ein Packwagen aussah, schoben zwei Männer eine Jalousie hoch und zogen eine Rampe heraus. Die großen roten Räder der Dampflokomotive wurden von zwei Wartungslampen beleuchtet, und der Heizer verrichtete mit Ölkanne und Putzlappen sein Werk. Dampf quoll auf.

Unterdessen begrüßte der Bahnhofsvorsteher das Reisepaar und überreichte der Dame einen Strauß roter und weißer Nelken. Was sollte die Arme während einer Nachtreise mit den schönen Blumen? Ob sie sie in Bad Pyrmont schon wieder aus dem Fenster warf?

Nun wurde der Fahrer des Mercedes eingewinkt. Der Wagen rollte über die Rampe in den Waggon, die Jalousie wurde wieder geschlossen. Die Wartungslampen an der Lokomotive erloschen. Nach der Ansage für die Abfahrt und dem Pfiff des „Rotkäppchens" setzte sich der Zug in Richtung Kassel in Bewegung. Die Kolbenschläge der Lokomotive wurden schneller, Menschen winkten. Allmählich zerstreuten sich die Schaulustigen, das große Ereignis war vorüber. Schnell wurde es Alltäglichkeit – für wenige Jahre.

Aus: „Halbstark und tüchtig", Reihe ZEITGUT, Band 17.

[Kassel, Hessen – Santa Maria, Graubünden, Schweiz –
London – Motala, Schweden;
1954–1958]

Falko Berg

Die Entdeckung einer Leidenschaft

Meine Eltern überredeten mich 1954 zu einer Reise in die
Schweiz. Die Teilnehmer waren Mitglieder des Christlichen
Vereins Junger Männer (CVJM), dessen örtliche Jugendgrup-
pe von unserem Hausgenossen, dem Diakon Bachmann, ge-
leitet wurde. Mein Vater, Pfarrer in der Kirchengemeinde
Kassel-Wilhelmshöhe, hatte das wohl schon ausgiebig mit
ihm besprochen.

Mit 15 Jahren war es für mich bereits das zweite Mal, daß
ich mit Paule, wie wir Herrn Bachmann nannten, in die Bergwelt der Schweiz reiste. Ein Jahr zuvor hatten wir drei Wochen in einer Hütte bei Adelboden im Berner Oberland verbracht. Ziel der Reise war dieses Mal das Münstertal in Graubünden, dem östlichsten Kanton an der Grenze zu Italien.
Kunsthistorikern ist dieses Tal wegen des Johannesklosters
in Münster – von seinen rätoromanisch sprechenden Ein-
wohnern Müstair genannt – bekannt. In der Kirche des zwischen 780 und 790 von Karl dem Großen als Stützpunkt an
den strategisch wichtigen Alpenpässen Umbrail und Stilfs-
erjoch gegründeten Klosters wurden um 1900 Wandmalerei-
en freigelegt, die zu den berühmtesten Werken karolingischer
Kunst gehören.

Wir fuhren mit der Bahn bis Davos und weiter mit dem
Postbus nach Santa Maria. Beladen mit unserem Gepäck,
ging es von dort zu Fuß weiter. Nach einer knappen Stunde

Beim Essen vor der Sennhütte. Der Dritte von links bin ich.

Anstieg erreichten wir unsere Unterkunft, eine aufgegebene, halbverfallene Sennhütte. Im ehemaligen Kuhstall betteten wir unsere Schlafsäcke auf Stroh.

Paule war ein hagerer, aber zäher Mittfünfziger, der das naturverbundene Leben in einer bescheidenen Berghütte genoß und hier, keiner Hausordnung unterworfen, nach seinen eigenen Regeln mit uns einen abwechslungsreichen und spartanischen Ferienaufenthalt gestaltete. „Das einfache Leben", wie auch der Titel des zur damaligen Zeit viel gelesenen Romans von Ernst Wiechert lautete, war die von uns angestrebte Lebensart. Mit der Abkehr von allen krankhaften Erscheinungen moderner Zivilisation wollten wir nach dem Vorbild des Schriftstellers in der Natur Ruhe und inneren Frieden finden.

Wir kochten unsere Mahlzeiten aus mitgebrachten Lebensmitteln, die wir durch frisches gekauftes Obst und Gemüse ergänzten, über dem offenen Feuer und unternahmen ausgedehnte Bergwanderungen. Unsere Nachbarn am Umbrail-Paß in 2000 Meter Höhe waren Sennen, Ziegenhirten und Zöllner.

In der Dorfkirche von Santa Maria führten wir vor Touristen und Bewohnern ein modernes Mysterienspiel auf, das sich mit dem Gleichnis von dem Mann beschäftigt, der seine Freunde und Bekannten zu einem Festmahl bittet, die jedoch alle eine Ausrede haben und nicht erscheinen, so daß er die Armen und Krüppel von der Straße zu sich holt und bewirtet, die geladenen Gäste aber verdammt.

Jeden Morgen begrüßte unser Posaunenchor den neuen Tag und verabschiedete ihn in der Abenddämmerung mit einem Choral von Johann Sebastian Bach. Die Akustik zwischen den Bergen, durch Echobildung verstärkt, trug die

Partie an der Dorfstraße von Santa Maria. 1954 verbrachte ich hier mit meinen Freunden vom CVJM eine wunderbare Zeit.

Musik bis weit hinunter ins Tal. Bei guter Sicht konnte man mit dem Fernglas beobachten, wie die Menschen im Dorf ihre Arbeit unterbrachen und stehenblieben, um zu lauschen.

Der Höhepunkt unserer Reise war die Besteigung des 3900 Meter hohen Ortler in den italienischen Alpen, dessen Gipfel wir nach zwei langen Tagesmärschen von unserer Hütte aus über Felsen und Gletscher erreichten. Bei dieser Bergtour wurden wir bis an die Grenze unserer Leistungsfähigkeit gefordert.

Die Ferienwochen im Münstertal hatten mich so beeindruckt, daß ich meine Tagebuchnotizen zu Hause in einem Reisebericht zusammenfaßte, in dem ich noch heute mit Vergnügen blättere. Über meinen Besuch auf der Präsura-Alm hielt ich interessante Details über die Arbeit der Sennen fest:

„Kühe sind der größte Reichtum des Dorfes Santa Maria. Sie und die kargen Felder sind die einzigen Garanten für den wirtschaftlichen Wohlstand seiner Bewohner. Nur bewährten und zuverlässigen Kräften vertrauen sie ihre Tiere an. Es sind vier Tiroler, 78, 50, 32 und 18 Jahre alt, braungebrannt, zäh und – bis auf Franz, den Jüngsten – mit langen Bärten. Franz wird einmal den väterlichen Hof erben. Er soll hier die Viehzucht erlernen. Die Berufswahl der anderen drei beschrieb mir Alfons, der fünfzigjährige Obersenn, wie folgt: ‚Der Alte hat schon von Geburt an nichts anderes gekannt als die Sennerei. Karl und ich aber waren bis Kriegsende Beamte in Meran. Als dann die Italiener die Verwaltung in unserer Heimat übernahmen, haben wir uns entschlossen, als Sennen in die Schweizer Berge zu gehen.'

Alfons sieht aus wie Luis Trenker, er spricht gern über die Arbeit auf der Alm. Er und Franz sind den ganzen Tag über in der Hütte, um Butter und Käse zu machen. Der alte Senn hütet 120 Stück Jungvieh, Karl die 420 Milchkühe. Die nächstgelegene Alm liegt drei Stunden Fußmarsch entfernt. Dort lebt ein 63jähriger Senn aus dem

Nach dem Besuch auf der Präsura-Alm hielt ich in meinem Tagebuch viele Details unserer Reise in die Schweiz fest – noch heute bin ich froh darüber.

Kanton Zürich mit seinem neunjährigen Sohn und einer 80 Stück Vieh großen Herde. Der kleine Junge muß Tag für Tag bei jedem Wetter zwei Stunden ins Tal nach Santa Maria und wieder zurück laufen, um dort die Schule zu besuchen, für den Vater Besorgungen zu erledigen und die Milchlisten vorzulegen.

Die Sennhütte auf der Präsura-Alm umfaßt fünf Räume: Küche, Schlaf- und Wohnzimmer sowie zwei Lagerräume für den Käse. Alfons bewirtete mich mit frischer Milch, Brot, Butter und Käse. Es schmeckte vorzüglich. Danach forderte mich mein Gastgeber auf, ihm beim Buttern zu helfen. Der Milchrahm wurde mit lauwarmem Wasser verdünnt und erwärmt. Anschließend kam er in die

Butterschleuder, die ich eine halbe Stunde lang mit einer Handkurbel drehen mußte. Als wir die Schleuder öffneten, war der Rahm fest. Alfons zapfte die Buttermilch ab und legte den übrigbleibenden großen Kloß unzerteilt in einen Kübel mit kaltem Wasser, wo er ihn mehrfach umdrehte. Nach fünf Minuten nahmen wir den fertigen Butterkloß heraus und schnitten ihn in Würfel, die wir einzeln in Papier verpackten. Die Tagesproduktion von 20 Pfund Butter war fertig. ‚Beim Käse ist die Herstellung langwieriger und komplizierter', erklärte mir Alfons. ‚Und jeder Senn hat seine eigene, streng geheime Rezeptur.'

Nach einem ausführlichen Vortrag über die Käserei schloß er: ‚Ja, die Sennerei will gelernt sein. Im September kommt unser Alpkäse auf die Märkte in aller Welt. Sieh ihn dir an!'

Er führte mich in einen Kellerraum, wo auf langen Regalen ein Käse neben dem anderen lag. Ich wunderte mich über den geringen Umfang der Käseräder. Sie waren so groß wie Eßteller. Ich kannte bisher nur die großen Wagenräder, die zu Hause als Schweizer Käse verkauft wurden.

Alfons nickte schmunzelnd: ‚Ich weiß, was du meinst. Das ist der Emmentaler-Käse, der in Molkereien hergestellt wird. Wir auf der Alm machen die kleinere, aber bessere Sorte.'

Das konnten wir später beim Abendessen in unserem Lager bestätigen, als meine Freunde und ich den Käse, den mir Alfons zum Abschied geschenkt hatte, mit gutem Appetit verzehrten."

Verreisen, um andere Menschen und Landschaften zu entdecken, wurde zu einem wichtigen Bestandteil meines Lebens. Im darauffolgenden Herbst verbrachte ich mit meiner Klasse drei Wochen in einem Jugendlager auf der Insel Borkum. 1956 überquerte ich mit der Fähre die Straße von Dover nach England, wohnte zunächst in einem Londoner Privathaushalt und nahm dann an einem Zeltlager der methodistischen Kirche an der Küste von Cornwall teil.

Während der nächsten Sommerferien machte ich mit einem Freund eine Radtour bis Travemünde. Ausgerüstet mit einem Rundreiseticket der Bahn besuchten wir anschließend Dänemark, Schweden und Norwegen.

Da ich das Vergnügen hatte, die Unterprima zu wiederholen, kam ich auch nach Belgien und Holland. In den letzten Ferien vor dem Abitur fuhr ich, um Geld zu sparen, per Anhalter nach Paris.

Mit jeder Reise sind besondere Erinnerungen verbunden: in Borkum die heimlichen Treffen im Strandkorb mit einer um einige Jahre älteren, liebeshungrigen Drogistin, zu der ich mich nachts aus dem Lager schlich, in London die Versuche meiner von ihrer kinderlosen Ehe enttäuschten Gastgeberin, mich zu verführen. Es gelang ihr nur deshalb nicht, weil ich glaubte, ihrem jeden Abend spät aus seinem Buchhalterbüro heimkehrenden Mann danach nicht mehr in die Augen sehen zu können. Bei meinen amourösen Abenteuern im Zeltlager von Cornwall hatte ich weniger Skrupel.

Während der Reise durch Skandinavien saß ich zum ersten und hoffentlich zum letzten Mal in meinem Leben hinter „schwedischen Gardinen". Das kam so:

Mein Reisebegleiter und ich hatten im Zug zwei englische Mädchen kennengelernt und mit ihnen angebandelt. Nachdem wir zusammen einen angenehmen Tag in Motala am Vätternsee in Schweden verbracht hatten, beschlossen wir, nach Einbruch der Dunkelheit im See zu baden. In Ermangelung der Badehosen und Badeanzüge, die wir in der Jugendherberge gelassen hatten, sprangen wir im Adams- beziehungsweise Evaskostüm ins Wasser.

Als wir wieder ans Ufer kamen, war es empfindlich kühl und windig geworden. An Handtücher hatte keiner gedacht.

Da kam mir eine Idee: Ich kletterte kurz entschlossen an einer der zahlreich am Landungssteg aufgestellten Fahnenstangen empor und holte die im Wind flatternde Flagge herunter, die groß genug war, um uns allen die Handtücher zu ersetzen. Dummerweise handelte es sich um die schwedische Nationalflagge.

Unser Badevergnügen war, ohne daß wir es bemerkt hatten, von zwei Polizisten beobachtet worden, die jetzt von Amts wegen einschritten. Sie erklärten, wir hätten uns der Mißachtung und Verunglimpfung eines nationalen Hoheitssymbols schuldig gemacht und müßten ihnen zur Polizeistation folgen. Dort angekommen, kontrollierte man unsere Ausweise, ermahnte meinen Freund und die Mädchen, solch eine Schandtat in Schweden nie wieder zu begehen, und ließ sie laufen. Mich, den Hauptschuldigen, behielt man in polizeilichem Gewahrsam und sperrte mich in eine Zelle, in der ich eine unruhige Nacht verbrachte. Ich sollte am nächsten Morgen dem Untersuchungs- oder Haftrichter vorgeführt werden. Ein Gesetzeshüter eröffnete mir diese unangenehme Perspektive mit strenger und finsterer Miene.

Der Polizist, der mir am nächsten Morgen die Zelle aufschloß, grinste dagegen freundlich und meinte, ich sollte mir die Nacht auf der Wache eine Lehre sein lassen. Dann ließ er mich laufen. Ich habe nie wieder ein nationales Fahnentuch entweiht.

Aus: „Halbstark und tüchtig", Reihe ZEITGUT, Band 17.

[Oldenburg – Neapel, Italien;
1955/56]

Ingeborg Werneken

O mia bella Napoli

Als nach dem großen Kriege zehn Jahre vergangen waren, hatten die Deutschen wieder ein Dach über dem Kopf und sich so richtig satt gegessen, so daß sie begannen, nach neuen Genüssen Ausschau zu halten. Schicke Kleidchen wippten über Petticoats und das „Pferdeschwänzchen", die neue Haartracht, wehte im Wind, wenn die Teenager-Girls sich fest an ihre Boys klemmend mit Tempo 60 auf ihren Motorrollern durch die Straßen brausten. Etwas ältere Semester, wie wir, gesetzt und mit Familie, dachten an ein Auto, ein kleines. Eines Tages stand tatsächlich ein „Käfer", kaum 100 000 km auf dem Buckel, vor unserer Haustür.

Dann brach das Reisefieber aus. Aus den neuen Radios erklang „O mia bella Napoli" und „Wenn bei Capri die rote Sonne im Meer versinkt" und die Germanen starrten wie 2000 Jahre vordem ihre Vorfahren, gebannt auf Bella Italia, denn „Kennst du das Land ..." hatte schon Goethe gefragt. Die erste Blechlawine setzte sich in Gang über die damals noch nicht untertunnelten Berge, rastlos über Schotterstraßen, vorbei an ungeschützten Steilhängen über die Alpen, wie weiland Hannibal mit seinen Elefanten.

In Italien brach die große Freude aus. Campingplätze wurden angelegt, die ersten Bettenburgen, drei bis vier Stockwerke hoch, reckten sich gen Himmel. Und wenn abends beim Mandolinenklang die Nachbarn aus dem kalten Norden es gar so schlimm trieben in trunkener und ungewohnter Weinseligkeit, sprach man hinter vorgehaltener Hand schon mal vom „Furor(e) Teutonicus", denn seit 2000 Jahren hatten die zarten und feinsinnigen Südländer den Sturm, der damals über sie hinwegbrauste, nicht vergessen.

Um mehr und immer mehr dieser blonden Riesen ins Land zu locken – und lange bevor der Teutonengrill an der Adria Wirklichkeit wurde – gab man Benzingutscheine aus, die den kostbaren Treibstoff ins gelobte Land verbilligten, während die Eingeborenen zähneknirschend einen hohen Preis zahlen mußten. Und – man kennt das ja bei diesen Südländern – sie waren ohne Maß und Ziel und verschwendeten die Marken mit vollen Händen. Daraus entwickelte sich eine Art „Geschäft", von Nutzen für beide Seiten: Man brauchte bei der Reiseplanung nur „vier Wochen Sizilien" anzumelden, um

Meine beiden Töchter vor einem Kiosk in Italien mit einem Mickymaus-Heft auf Italienisch.

334 NAPOLI · PANORAMA

„Neapel seben und dann sterben" – heißt es. Ein besonderes Andenken sollte mich zehn Jahre lang an unseren Urlaub 1956 erinnern.

verbilligte Bons für 3000 Kilometer zu erhalten. Tatsächlich fuhr man nur bis zum Gardasee und verkaufte die überflüssigen 2000-Kilometer-Marken mit Aufpreis an die schon wartenden Italiener. So mancher deutsche Urlauber finanzierte auf diese Art einen Teil seines Urlaubs. O bella Italia!

Wir gehörten selbstverständlich nicht zu jener Sorte von Zeitgenossen. Oh nein, wir fuhren bis Neapel und hatten, na sagen wir mal, Marken bis Salerno. Reine Vorsorge, versteht sich. Man benötigte ja auch Benzin zum Hin- und Herfahren, denn ich mochte keine Stadt verlassen, ehe ich nicht sämtliche Kirchen und Museen von innen bestaunt, jeden Marktplatz besichtigt und an jeder Ausgrabungsstätte heimlich gebuddelt hatte. Zum Leidwesen unserer beiden Töchterchen, deren kleine Beinchen manchmal nicht mehr mitlaufen wollten.

So zogen wir träumenden Herzens, den alten VW bis übers Dach beladen mit Zelt, Gaskocher, Bettwäsche und zwei kleinen Blondschöpfen, auch im Jahr 1956 durch das gelobte Land voller Sonne, Wärme, Wein und Papagalli immer weiter nach Süden. Wir kamen nach Herculaneum, und besichtigten dann die Ausgrabungen in Pompeji. In das berühmte Freudenhaus mit den obszönen – heute nennt man das erotisch – Wandmalereien durften nur die Männer eintreten, ich mußte vor der Tür bleiben, die Kinder natürlich auch. Alles ging gesittet zu, niemand wäre im Badeanzug in den Speisesaal oder über die Straße gegangen, und für Besichtigungen hatte man seine Sonntagskleidung mit.

In Napoli, wo der Vesuv gerade „streikte" und die berühmte Rauchfahne nicht über der Bucht stand, wollte ich wenigstens das vielbesungene „Santa Lucia" sehen, das Hafenviertel. Ich ahnte ja nicht, was uns dort erwartete: Hütten aus Blech und Pappe, bettelnde Kinder, Steinwürfe und Schwarzhändler – späte Kriegsfolgen.

Zwei Uhren wollte man uns verkaufen, eine für Papa und eine für Mama, natürlich aus echtem Gold. Diese Spangenuhr sah wirklich picobello aus, aber 50 Mark waren damals viel Geld. Und überhaupt hatten wir ja unsere Prinzipien: Wir kaufen doch keine keine illegale Ware!

Doch als wir mit Müh' und Not und vielfachem „No, no, no!" endlich wieder im Wagen saßen, steckten diese Unermüdlichen, Aufdringlichen ihre schwarzgelockten Schöpfe ins geöffnete Autofenster und flüsterten „Benzinbon".

Was soll ich sagen?

Mindestens zehn Jahre hatte ich Freude an meiner „echt goldenen" Spangenuhr, wenn sie auch von Jahr zu Jahr silberner wurde. Aber was soll's, Gold vergeht, Erinnerung bleibt. O mia bella Napoli!

Aus: „Deutschland – Wunderland", Reihe ZEITGUT, Band 18.

[Essen – Lido di Jésolo, nahe Venedig, Italien,
Sommer 1957]

Erika Tappe

Eine italienische Nacht

Mit meiner Zwillingsschwester Ingrid und vier weiteren Ge-
schwistern erlebte ich die Nachkriegsjahre in meiner Ge-
burtsstadt Essen. Meine Mutter hatte während unserer ersten Evakuierungsetappe in Krumbach, Bayern, die Mutter
von fast gleichaltrigen Zwillingen kennengelernt und sich
mit ihr angefreundet. In Essen wohnten wir nun zwar fast
eine Stunde Fahrzeit auseinander, dennoch freundeten der
Zwilling Karin und ich uns wieder sehr an. Leider trafen wir
uns nur in den Ferien, da sie eine Internatsschule besuchte.
Meine allererste Auslandsreise unternahm ich mit Karin.

Im Sommer 1957 bin ich gerade 18 Jahre alt geworden.
Von meiner Familie verreist niemand. Karin aber darf mit
Klaus, einem Freund ihrer Familie und dessen Freund, zum
Zelten an den Gardasee fahren. Nach vielen Überredungs-
versuchen von Karin und auch deren Mutter, die gerne eine
Gefährtin an der Seite ihrer Tochter hätte, erlauben meine
Eltern, daß ich mitfahren darf. Die Jungen sind in unserem
Alter. Klaus' Freund fährt einen VW Käfer, in den wir das
Gepäck und alle Campingutensilien hineinstopfen. Ein Zelt
für die Männer, ein Zelt für uns Mädchen, viele Versprechun-
gen – endlich kann das Abenteuer beginnen.

Am Gardasee aber gefällt es uns auf dem Campingplatz
überhaupt nicht, weil er völlig überfüllt ist und das Wasser
dort sehr seicht und zum Schwimmen wenig geeignet ist.

Schon überschreiten wir das strengste Verbot, weiter nach Süden zu fahren.

Nach dem Wälzen einiger Campingführer landen wir auf einem herrlichen NSU-Campingplatz in Lido di Jésolo in der Nähe von Venedig. Der Platz ist streng bewacht, Italiener dürfen ihn nicht betreten. Die einzigen, die wir zu Gesicht bekommen, sind die Kellner im Restaurant und Antonio, der Bademeister, der in seinem Ruderboot die Badenden bewacht. Wir lernen nette junge Deutsche kennen, und unsere „Aufpasser" gehen bald eigene Wege. Karin und ich halten wie Pech und Schwefel zusammen, kein männliches Wesen kann uns trennen.

Am letzten Abend vor der Heimfahrt machen wir vier abends dennoch gemeinsam einen Bummel in dem etwa eine halbe Busstunde entfernten Ort, um einige Mitbringsel zu besorgen. Nach einiger Zeit trennen wir uns, damit jeder seine

Meine erste Reise nach Italien führte mich 1957 nach Lido di Jésolo, nahe Venedig. Hier sah ich zum ersten Mal Esel, die ich zuvor nur aus dem Märchenbuch kannte.

Einkäufe erledigen kann, zu viert ist es zu mühsam. Die Geschäfte sind bis 24 Uhr geöffnet. Um Mitternacht wollen wir uns am letzten Bus treffen, um miteinander zurückzufahren,

Ich habe mich für diesen Ausflug fein gemacht, habe mein zartgrünes Sommerkleid mit Dirndlausschnitt und breitem Bastgürtel und darunter einen wunderschönen weiß-rosa Petticoat angezogen. Am Ausschnitt ist das Kleid mit rot-karierten Stoffrüschen unterlegt, am weit schwingenden Rock ist eine Applikation angebracht: ein Sonnenschirm aus Bast und ein Liegestuhl mit rotkariertem Bezug. Mit meinem blonden Pferdeschwanz gebe ich ein sommerlich fröhliches Bild.

Zur verabredeten Zeit stehe ich an der Bushaltestelle. Ich warte, von meinen Freunden ist nichts zu sehen. Der letzte Bus kommt, Männer steigen ein. Mit meinen vielen kleinen Päckchen im Arm renne ich aufgeregt hin und her und halte Ausschau nach meinen Gefährten. Sind sie etwa schon weg? Ich kann doch nicht allein hier stehenbleiben!

In letzter Minute springe ich in den anfahrenden Bus. Er fährt die vertraute Strecke, ich bin beruhigt. Endlich kommt der Schaffner durch den überfüllten Wagen auch zu mir. Als ich mein Ziel ansage, bricht ein Wortschwall über mich herein. Ich verstehe überhaupt nicht, was er meint. Die vielen Männer, die mich schon zuvor verstohlen musterten, werden ebenfalls lebhaft und beteiligen sich am Gespräch. Mir wird ziemlich mulmig. Langsam müßte ich doch am Ziel sein!

Ich spähe nach draußen in die finstere Nacht. Nur vom Busscheinwerfer erhellt, fahren wir jetzt durch eine mir völlig unbekannte, waldreiche Gegend. „Stop, – stop!" rufe ich aufgeregt und drängele mich durch zur Tür. Aber die Leute halten mich fest und bemühen sich, mich zu beruhigen. Vergeblich versuche ich, ihnen klarzumachen, das ich woanders hin muß. Sie können oder wollen mich nicht verstehen.

Wir fahren nun schon eine Stunde, und langsam steigen Angst und Schrecken in mir hoch. Endlich hält der Bus.

Schnell stürze ich nach draußen, doch dann merke ich, daß alle Mitreisenden den Wagen verlassen, auch der Fahrer. Noch einmal rede ich eindringlich auf ihn ein, er aber geht einfach weg, wie all die anderen. Um mich herum ist es nun stockdunkel, kein Scheinwerfer erhellt mehr die Gegend. Das einzige Licht und auch Lärm dringen aus einem Haus auf der anderen Straßenseite, sonst kann ich in der Dunkelheit keine anderen Gebäude ausmachen. Mir bleibt nichts anderes übrig, als ebenfalls dorthin zu gehen.

Ich trete als letzte ein, sehe viele Männer, Rauch, einen Tresen, es herrscht gewaltiger Lärm – ich bin in einer Kneipe. Hereingeweht wie eine zarte erschrockene Sommerblume in diese von Gerüchen geschwängerte Luft muß ich wohl ziemlich fehl am Platze aussehen, denn die Gespräche verstummen, und die Leute starren mich äußerst verblüfft an.

Jetzt lösen sich zwei stark geschminkte Frauen aus der Männergruppe, kommen auf mich zu und zupfen an meinem Kleid. Dann hebt die eine meinen Rock und faßt an meinen Petticoat, worauf auch die andere beginnt, ihn zu betasten. Sie fangen an zu kichern und zu kreischen, die Männer lachen. Schnell ziehe ich meinen Rock wieder nach unten. Die Umstehenden lachen noch lauter. Vor Angst und Wut zitternd schreie ich sie an: „Laßt mich in Ruhe, sonst hole ich die Polizei!"

Die Weiber lachen und johlen und schieben mich zur Theke. Der Wirt, ein älterer Mann, lacht ebenfalls. Dann spricht er mich plötzlich auf Deutsch an. Von meiner Verzweiflung aber will er nichts hören. Dafür sagt er mir viele deutsche Wörter auf, die er während der Kriegsgefangenschaft in Deutschland gelernt hat. Auf einmal unterbricht er seine Rede und sagt, ich könne bei ihm schlafen.

Ich frage ihn, ob mein letztes Geld denn für die Übernachtung reiche und ob er beim Campingplatz anrufen könne.

Er aber grinst nur und sagt: „Du kannst bei mir im Bett schlafen!"

Meine Freundin Karin und ich, rechts, an einem Brunnen in Venedig. Die beiden kessen Italiener wollen sich unbedingt mit uns fotografieren lassen.

Anschließend spricht er wieder mit seinen Kumpanen, alle biegen sich vor Lachen.

Ich drohe, daß ich jetzt zu Fuß nach Hause laufe und der Polizei sage, wie schlecht sie sich benehmen. Wieder übersetzt er, und schallendes Gelächter antwortet ihm. Fast fange ich an zu weinen. Was soll ich nur machen?

Einerseits fühle ich mich beschützt in dem Haus und gleichzeitig ganz schrecklich ausgeliefert. Solange so viele Menschen um mich herum sind, bin ich relativ sicher. Der Wirt aber macht mir Angst und ist doch der einzige, der mich etwas versteht. Ich merke, daß die Männer beratschlagen, danach verläßt einer den Raum. Nach einer Weile kommt er zurück, und ich werde nach draußen geschoben. Vor dem Haus auf der Straße steht ein Mann in Motorradmontour neben seiner großen Maschine. Ich solle aufsitzen, wird mir bedeutet, und während ich noch ängstlich zögere, packt man mich und schon sitze ich hinter dem Motorradfahrer. Unter dem Gejohle der Zurückbleibenden fahren wir ab.

Ein Stück geht es die Hauptstraße in Richtung Jésolo, und mir wird etwas leichter ums Herz. Plötzlich verlangsamt er die Fahrt, und wir biegen in einen einsamen Feldweg. Rechts ein Wassergraben, links ein Wassergraben mit Schilf. Gespenstisch leuchten Maisfelder im Lichtkegel, der immer schwächer wird, je langsamer wir über den furchtbar buckligen Sandweg fahren.

Jetzt hält der Fahrer an. Mir wird ganz kalt vor Angst, als er absteigt, und in meiner Phantasie, die Purzelbäume schlägt, sehe ich mich schon als Leiche im Wassergraben schwimmen ...

Er aber nimmt mir zuerst alle Päckchen ab – ich zittere – und steckt sie sich unter die Jacke. Dann bedeutet er mir, mich mit meinen Armen um ihn zu schlingen und mich festzuhalten. Ich wage es, ihn zu umarmen, während er die Maschine startet. Nun leuchtet das Scheinwerferlicht wieder heller, und nach einiger Zeit erreichen wir eine Landstraße, die mir allmählich immer bekannter vorkommt.

Langsam entspanne ich mich und beginne, die nächtliche Fahrt zu genießen. Schließlich kommen wir an der Schranke und beim Pförtner unseres Campingplatzes an, wo meine aufgeregten Freunde mich erleichtert in Empfang nehmen. Ich aber bedanke mich bei meinem Retter mit einem Kuß auf seine Wange. Laut lachend fährt er davon.

Aus: „Halbstark und tüchtig", Reihe ZEITGUT, Band 17.

[Lam – Zwiesel, Bayerischer Wald – Köln;
Sommer 1958]

Hans Engels

Noch 3 Pfennige

Manchmal bedarf es nur eines kleinen Anstoßes, um Erinnerungen aufstrahlen zu lassen. In seinem musikalischen Gemälde „Aus Böhmens Hain und Flur" entführt der tschechische Komponist Bedrich (Friedrich) Smetana den Hörer in die lichtüberflutete Landschaft eines herrlichen Sonnentages ...

Und plötzlich schlagen die Glocken der Kirche von Lam und lassen ihren vielstimmigen Klang bis hoch hinauf in die langgezogenen bewaldeten Höhenzüge erklingen. Sie rufen die Menschen zum Gottesdienst. Von allen Seiten strömen sie herbei, mit heiterem Herzen, wie es scheint, wie Gesicht und Gehabe erzählen, und alle sind gekleidet in ihrem schönsten Sonntagsstaat. Vor dem Portal trennen sich ihre Wege. Während die Frauen und Kinder durch die Tür in die Kirche entschwinden, müssen die Männer noch Wichtiges vor dem Portal miteinander besprechen; man sieht sich ja so selten.

Meine Freunde und ich sind hier Fremde, acht Kölner Jugendliche im Alter von 16, 17 Jahren auf großer Fahrt. Und deshalb weiß man nicht so recht, wohin man gehört. Gott sei Dank nimmt man nicht allzuviel Notiz von uns.

Nun mahnen die Glocken ein letztes Mal den baldigen Beginn der Heiligen Messe an, und auch die Männer beeilen sich, um den Anfang doch noch mitzubekommen. Das Kirchenschiff ist wohlgefüllt, aber nur mit Frauen und Kindern.

Also rumpeln auch wir genau wie die Männer die steile Treppe zur Empore hoch, um uns das heilige Geschehen von oben anzuschauen. Ein wenig zurückhaltend sind wir schon, doch schließlich nehmen wir die noch freigebliebenen Plätze ein.

Schon zieht der Meßdiener am Seil der Türglocke, und der Gottesdienst beginnt. Die Orgel braust auf, und dann tönt ein ganzes Orchester mit einem Chor und seinen Solisten. Es dauert eine Weile, bis ich in dem recht lauten Stimmengewirr Mozarts Krönungsmesse erkenne. Dennoch ist es Freude für Musiker und Zuhörer. Es ist beileibe nicht immer das Vollkommene, das die Herzen der Menschen bewegt.

Den Breitschultrigen, der vor mir in der Bank sitzt, scheint die Musik wenig zu berühren. Sein kräftiger Stiernacken sinkt immer tiefer. Selbst beim Jubel des Glorias wacht er nicht auf. Als die Musik etwas leiser tönt, läßt er ein tiefes Baßgrollen erklingen, während der Kopf mit der Schulter langsam auf- und niedergeht.

Plötzlich kommt Leben in den Stiernackigen, denn der Herr Pfarrer beginnt mit der Predigt. Der Aufgewachte stößt seinen Nachbarn an, beide greifen in die Innentasche ihrer Jacketts und ziehen ihre Notizbüchlein heraus. Die dicken Finger blättern, fahren Tabellen auf und ab, streichen aus und notieren mit einem Bleistiftstummel. Von dem erstaunlich leisen Gemurmel verstehe ich zwar nichts, doch es ist nicht schwierig zu erkennen, welch wichtige Geschäfte hier ablaufen.

Gerade als der Pfarrer die Gläubigen auffordert, dem Inhalt seiner Predigt mit einem kräftigen „Amen" zuzustimmen, scheint das Geschäft perfekt zu sein. Wie alle erheben sich auch meine beiden Vorderen zum Credo. Ein kurzer Handschlag, die Kuh ist verkauft!

Der Gottesdienst zog sich noch eine Weile hin, und als wir hernach in das gleißende Sonnenlicht hinaustraten, ging es schon auf Mittag zu. Gemächlich machten wir uns auf den Weg zu der ein wenig außerhalb liegenden Jugendherberge.

Für gewöhnlich blieben wir dort nur über Nacht, aber heute, am Sonntag, hatten wir auch das Mittagessen bestellt. Wir verteilten Teller und Besteck, und dann standen plötzlich drei große Kessel auf dem Tisch. Im ersten wartete lauwarmes Sauerkraut auf seine Genießer, der zweite war gefüllt mit ungeschälten kalten Kartoffeln – bald merkten wir, daß es Pellkartoffeln waren –, und aus dem dritten Kessel lugten ein paar blasse Eisbeine heraus, die bei näherem Hinsehen aus Haut, Fett und Knochen bestanden.

Wir alle waren zwar, was das Essen betraf, nicht wählerisch, aber das Eisbein rührte keiner an. Wir stopften das Sauerkraut in uns hinein, denn es soll ja so gesund sein, und kippten die Kartoffeln in einen leeren Rucksack. Für 20 Pfennige erstand ich in der Herbergsküche ein Paket Salz. Hernach zogen wir ein paar Minuten den Berg hinauf und lagerten uns an einer schattigen Stelle, um die Kartoffeln aufzuteilen, zu pellen und mit etwas Salz zu verzehren.

Trotz großer Sparsamkeit wurde unsere Reisekasse immer leerer, und es blieb uns schließlich nichts anderes übrig, als den Herrn Pfarrer um Hilfe zu bitten, damit wir nicht verhungerten.

Er war ein ausnehmend freundlicher Herr mit viel Verständnis für unsere Notlage, er versprach uns zu helfen. Am nächsten Tag überraschte er uns mit drei langen Blechdosen. Er wisse zwar nicht, was genau darin sei, aber es sei gewiß etwas zum Essen.

Und so kam es, daß wir am Dienstag Emmentaler Schmelzkäse mit Brot aßen und Quellwasser tranken, am Mittwoch Leberwurst mit Brot und Quellwasser und am Donnerstag Chester-Käse mit Brot und Quellwasser. Da wir jeweils nur die Hälfte der Ration verbraucht hatten, waren wir für die nächsten drei Tage auch noch reichlich versorgt.

Irgendwann in diesen Tagen führte uns unser Tatendrang auch auf den Großen Osser, über den die strengbewachte Grenze zur Tschechoslowakei führte. Wir konnten über eine breite Waldschneise mit einem Stacheldrahtzaun, der sich kilometerweit dahinzog, hinüberblicken nach Böhmen, der Heimat Smetanas. Aber dort war keine andere Welt, da erstreckten sich die gleichen weiten dunklen Gebirgszüge, die gleichen sanften Täler. Hier wie dort wehte der gleiche Wind, rieselte der gleiche Regen, deckten die gleichen Schneeflokken im Winter das weite Land zu, und über allem strahlte eine Sonne.

Der Verstand mochte das damals alles nicht so recht begreifen, aber das Gefühl spürte schon mit Betroffenheit, die Taten menschlichen Ungeistes angesichts von Stacheldraht, Wachtürmen und Militärpräsenz.

Es war wirklich ein Wunder, daß mir am Ende der Ferienzeit noch 15 DM blieben, um in Zwiesel für meine Mutter einen Kuchenteller aus Kristallglas zu erstehen, der anschließend wohlverpackt in schmutziger Wäsche in meinem Rucksack einen sicheren Platz fand.

Als ich mit meinen Freunden in Köln aus dem Jugendsonderzug stieg, dämmerte gerade der Morgen. Noch über eine Stunde mußten wir auf die erste Straßenbahn warten. 30 Pfennige kostete die Fahrt. Und als ich daheim mein Portemonnaie herumdrehte, fielen noch 3 Pfennige heraus.

... Und da wären wir wieder bei den kleinen Anstößen, die Erinnerungen wach werden lassen: Den Kuchenteller besitze ich noch heute, als Erbstück meiner Mutter. Jedermann kann wohl verstehen, was er mir bedeutet.

Aus: „Halbstark und tüchtig", Reihe ZEITGUT, Band 17.

[Oberhausen – Maintal – Detwang an der Tauber –
Romantische Straße – Enzklösterle, Schwarzwald;
Sommer 1958]

Marianne Ludorf

Ferien mit 80 Mark in der Tasche

Wetter und Ziel waren für uns kein Thema, als wir 1958 unsere erste Ferienreise planten. Nur unsere Finanzen bereiteten uns Sorgen, die waren knapp.

Seit sechs Jahren waren mein Mann und ich verheiratet. Unsere Tochter war fünf Jahre alt. Mein Mann hatte an der Wirtschaftsakademie in Essen Betriebswirtschaft studiert. 1953 fand er eine Anstellung als kaufmännischer Angestellter und verdiente jetzt 470 Mark im Monat. Die Miete für unsere 75 Quadratmeter große Wohnung in Oberhausen-Sterkrade kostete monatlich 64 Mark. Wir waren voll und ganz damit beschäftigt, uns eine Existenz zu schaffen.

Freunde erzählten uns oft von ihren Urlaubsreisen – von Italien, sogar mit dem Flugzeug! Davon konnten wir nur träumen. Wir fuhren in den Ferien mit dem Fahrrad und dem aus einer alten Wehrmachtsplane selbstgenähten Zelt an den Rhein bis nach Wesel. In den Kriegsjahren und den schlechten Jahren danach waren wir erfinderisch geworden.

Diesmal sollte es der Schwarzwald sein. Meine Schwester erklärte sich bereit, uns ihr Auto zu leihen, ein VW-Kabriolett. Als Gegenleistung sollte ich es ein Jahr lang wöchentlich putzen. Von meinem durch Heimarbeit verdienten Geld – ich legte Rechnungsblocks für eine Druckerei – kauften wir uns zwei Luftmatratzen und 20 Meter Nesselstoff. Daraus nähten wir ein Oberdach und ein Hauszelt. Dann wurde

Unser Reiseziel: Enzklösterle bei Wildbad im Schwarzwald, 620 m. ü. M.

das Ganze imprägniert, und für 14 Tage glich unsere Wohnung einer Zeltmacherwerkstatt. Schließlich bauten wir zum Gaudi unserer kleinen Tochter unsere Kreation im Wohnzimmer auf. Aus billigem Stoff nähte ich dann noch die fehlende Sommergarderobe.

Beim Überschlagen unserer Finanzen stellten wir fest, daß uns für unsere Reise ganze 80 Mark blieben. Trotzdem erstand ich ein frisches Huhn bei Albrecht, heute Aldi, damals ein kleines Einzelhandelsgeschäft, aber schon preiswert. Das Huhn wurde gekocht; wir wollten es bei der ersten Rast verspeisen. Am Abend vor unserer Abreise bepackten wir das Auto mit der Campingausrüstung, der Kinderbettmatratze für unsere Tochter, einem Sack Kartoffeln, Nudeln, Zwiebeln, Salz, Speck und Essig und mit unserer Garderobe.

Morgens um 6 Uhr starteten wir. Es goß in Strömen. Was kümmerte uns der Regen?

Wir waren voll freudiger Erwartung. Mit 80 Stundenkilometern fuhren wir über die Autobahn Richtung Frankfurt –

ein Genuß, denn rasende Autos und riskante Überholmanöver gab es noch nicht. Streß war für uns ein Fremdwort. In Aschaffenburg endete die Autobahn Würzburg-Nürnberg. Die Sonne kam heraus. Wir klappten das Autodach herab, setzten unsere selbstgenähten weißen Sonnenhüte auf und fuhren mit 50 km/h durch das Maintal bis Wertheim. Auf einem Feldweg hielten wir zwischen hohen Kornfeldern Rast und verspeisten lobpreisend unser Huhn. Die Sonne schien warm. Wie mein Mann so dasaß in seinem Klappstuhl, die angenagten Hühnerknochen in hohem Bogen hinter sich werfend, fühlte ich mich wie bei einem Gelage an der Tafel Heinrichs VIII. von England.

Weiter ging es durch das romantische Taubertal nach Rothenburg. Manchmal trafen uns bewundernde Blicke – wenn die gewußt hätten, was für arme Schlucker wir waren! Offenbar träumten andere genau wie ich davon, in einem Kabriolett durch die Gegend zu fahren. Aus alten Kinofilmen kannte ich solche Bilder.

Auf einem Campingplatz in Detwang an der Tauber bauten wir unser Zelt auf. Auf dem ganzen Platz standen vielleicht vier Zelte, zumeist Dänen. Mit ihnen verlebten wir eine schöne Zeit. Auf der Rathaustreppe von Rothenburg hockend, tranken wir Milch und schauten dem Markttreiben zu. Abends saßen wir unter der Dorflinde von Detwang und genossen die dörfliche Stimmung. Enten strebten, von der Tauber kommend, schnatternd ihren heimatlichen Ställen zu. Manchmal spielten wir alle gemeinsam Federball, bis der Mond aufging. Wir tauschten preiswerte Kochrezepte aus und betrieben auf diese praktische Weise Völkerverständigung. Bei einer Mondschein-Wanderung durchs Taubertal und das alte romantische Rothenburg vergaßen wir Zeit und Raum. Ob das heute auch noch so ist?

Nach einer Woche verabschiedeten wir uns von unseren dänischen Freunden und fuhren über die Romantische Straße in Richtung Schwarzwald. Wir bummelten durch die beschaulichen Städte. Weiter ging es auf Nebenstraßen Richtung Stuttgart, manchmal mit nur 30 km/h hinter hochbeladenen Heuwagen her. Das störte uns nicht; wir genossen den Sonnenschein, die Landschaft und unsere Freizeit. In Backnang legten wir eine Rast ein. Unter schattenspendenden Bäumen saßen wir am Straßenrand im hohen Gras, verzehrten unsere Brötchen und ein Stück Fleischwurst und tranken Apfelsaft. Gemächlich steuerten wir unser Ziel an, immer auf Nebenstraßen, Stuttgart und Tübingen umgehend, bis nach Enzklösterle im Schwarzwald. Auf einem Campingplatz bauten wir unser Zelt wieder auf.

Ich sitze vor unserem selbstgenähten Zelt auf dem Campingplatz in Detwang, dahinter steht das geliehene Auto, ein VW-Kabriolett.

Regenwetter setzte ein. Unverdrossen bummelten wir durch Freudenstadt, schauten uns den Mummelsee an und unternahmen Wanderungen durch den Schwarzwald. Das Regenwetter erleichterte uns den Abschied. Über Pforzheim fuhren wir nach Hause. Wir hatten tatsächlich mit 80 DM in der Tasche unvergeßliche Ferien gemacht.

Aus: „Deutschland – Wunderland", Reihe ZEITGUT, Band 18.

[Markgrafenheide und Warnemünde bei Rostock –
Gedser – Kopenhagen;
Sommer 1960, Sommer 1990]

Edith Rabe

Wir konnten uns nur zuwinken

Ich befinde mich an Deck des Motorschiffes „Seebad Ahl-
beck", das Kurs auf die dänische Insel Falster nimmt. Langsam entschwindet meinen Blicken der Hafen von Warnemünde, die Silhouette der Stadt. Bald schon ist ringsherum nur
noch Wasser. Daß das Land aber nicht fern ist, zeigen die
Möwen an, die unser Schiff immer noch umkreisen.

Ich laufe zum Bug des Schiffes und spähe gespannt in die
Ferne. Ist Dänemark schon in Sicht?

Angestrengt suchen meine Augen das Meer ab. Endlich
taucht am Horizont, zuerst nur schemenhaft, die Insel Falster auf. Langsam nähert sich das Schiff dem dänischen Hafen Gedser, meinem Reiseziel. Vor drei Wochen bin ich mit
meiner Seminargruppe des Lehrerbildungsinstitutes Leipzig ins GST-Zeltlager*) nach Markgrafenheide an der Ostsee gekommen. Ich bin zum ersten Mal am Meer. In jeder
freien Minute gehe ich zum Strand, wenn es warm ist, im
Bikini, um mich den Wellen entgegenzuwerfen, oder an küh-
len Tagen im Seemannspullover, um ferne Schiffe zu beobachten. Als es hieß, daß eine Fahrt mit einem Motorschiff
bevorstehe, habe ich mich riesig gefreut. Doch jetzt, da wir

---

*) Gesellschaft für Sport und Technik: 1952 gegründete Massenorgani-
sation der DDR zur vormilitärischen und wehrsportlichen Erziehung und
Ausbildung.

GST-Zeltlager in Markgrafenheide bei Warnemünde. In der Mitte, mit Brille, das bin ich.

der dänischen Küste entgegenschippern, mischt sich in den Jubel Wehmut, denn in Gedser dürfen wir nicht von Bord gehen. DDR-Bürgern ist es verwehrt, den Fuß in ein westliches Land zu setzen. Wer Geld und etwas Glück hat, kann im Reisebüro einen Urlaubsplatz in einem osteuropäischen Staat ergattern. Ich habe beides nicht. Außerdem will ich nicht nur in ein „erlaubtes Land" reisen. Mir haben es jene Länder angetan, die für uns unerreichbar sind. Daher habe ich begonnen, Ansichtskarten zu sammeln, die uns unsere westdeutschen Verwandten von überall her zuschicken. Inzwischen besitze ich eine stattliche Anzahl. Im Zeltlager kam mir die Idee, wie ich die Schiffsreise nutzen kann, um meine Sammlung zu vergrößern. In eine leere Streichholzschachtel habe ich einen kleinen, mehrfach zusammengefalteten Zettel gelegt mit meiner Anschrift und der Bitte an den Finder, mir doch eine Karte aus Dänemark zu schicken.

Voller Erwartung blicke ich jetzt dem Hafen Gedser entgegen und halte dabei meine Schachtel, die ich mit einem kleinen Stein beschwert habe, krampfhaft fest. Am Anlegeplatz stehen viele Menschen. Wie auf Verabredung winken sich die Leute zu. Als das Schiff endlich fest verankert im Hafenbecken liegt, versuche ich, Kontakt zu den Menschen aufzunehmen. Ich gebe zu verstehen, daß ich Ansichtskarten sammle und werfe meine Schachtel in die Menge. Ich habe Glück, durch den Stein gewichtig geworden, fällt sie nicht ins Hafenbecken, sondern fliegt hinüber und landet bei einem jungen Mann, der sie geschickt auffängt. Am Ufer und auf dem Schiff entsteht jetzt Bewegung, andere wiederholen, was ich vorgemacht habe. Ich bin nicht die einzige, die auf diese Weise Verbindung zu den Menschen am Kai sucht. Doch meine Stimmung, bis jetzt von Heiterkeit geprägt, wird zunehmend bedrückter, je länger ich den Promenierenden

Im Jahre 1960 konnten wir DDR-Bürger zwar noch mit dem Schiff nach Gedser fahren, von Bord gehen durften wir jedoch nicht.

vom Schiff aus zusehe. Viele deutsche Touristen sind darunter. Wir sprechen dieselbe Sprache und dürfen trotzdem nicht das gleiche tun. Sie gehen an Land spazieren, doch wir müssen an Bord bleiben. Bevor ich noch lange darüber nachdenken kann, legt unser Schiff schon wieder ab. Ein letztes Winken und Zurufen, dann entschwindet die dänische Küste ganz langsam meinen Blicken.

Wieder zu Hause, wartet tatsächlich eine Ansichtskarte aus Kopenhagen auf mich. Die erste farbige, große Karte für meine Sammlung! Immer wieder betrachte ich sie. Auf der Rückseite steht geschrieben:

Viele Grüße aus Dänemark sendet Ihnen Theo Weber.
Ich konnte Ihnen leider an der Kaimauer nur zuwinken ...

Einmal in diese faszinierende Stadt reisen, das ist mein größter Wunsch. Ein paar Tage später treffen noch zwei Karten aus Gedser sowie zwei Fotos ein, die der freundliche Absender von unserem Schiff gemacht hat.

Im Sommer 1990, fast auf den Tag genau dreißig Jahre später, erfüllt sich mein Traum. Nach der Währungsunion buche ich bei einem Busunternehmen für 99 DM eine Fahrt nach Kopenhagen. Gegen Abend steige ich in Vetschau in den Bus. Von Warnemünde geht es mit der Fähre bis Gedser und von dort weiter mit dem Bus bis Kopenhagen.

Als ich dann auf dem Rathausplatz von Kopenhagen stehe, den ich bisher nur von der alten Ansichtskarte her kenne, kann ich mein Glück kaum fassen. Eine Stadtrundfahrt führt mich anschließend zu weiteren Sehenswürdigkeiten. Am späten Nachmittag sitze ich erschöpft wieder im Bus, lasse erst Kopenhagen, dann Gedser hinter mir. In der Abendsonne geht es mit der Fähre zurück nach Warnemünde. Am nächsten Morgen, gegen vier Uhr, komme ich zu Hause an, todmüde, aber glücklich.

Aus: „Von hier nach drüben", Reihe ZEITGUT, Band 11.

[Hamburg – Lichtenstein – Annaberg – Schwarzenberg,
Erzgebirge, damals DDR;
Anfang der 60er Jahre]

Traute Siegmund

Schlangestehen lohnt immer!

Es muß Anfang der 60er Jahre gewesen sein, als ich eines Tages von Christa einen Brief erhielt. Christa lud uns ein, wir sollten sie besuchen kommen und viel Zeit mitbringen. Darüber freuten mein Mann Heinz und ich uns sehr, ich ganz besonders, denn Christa war eine gute Freundin aus meiner Arbeitsdienstzeit. Durch das Kriegsende waren wir für einige Zeit getrennt worden. Es herrschte Funkstille, denn ich war im Westen, in Hamburg, zu Hause und Christa in Lichtenstein in Sachsen. Aber wir schafften es, die Verbindung wiederherzustellen. Inzwischen waren wir verheiratet, hatten Kinder, und Christa hatte uns sogar einmal mit ihrer Familie besucht, aber das war noch vor dem Mauerbau. Da erfuhren wir zum ersten Mal, wie ganz anders die Menschen jenseits der Grenze leben mußten. In den Briefen konnte man manche Dinge nicht schreiben. Immer bestand die Gefahr der Kontrolle. So sah ich mit Spannung und einer gewissen Neugierde meinem ersten DDR-Besuch entgegen.

Eines wurde mir schon recht bald klar: In diesem Land brauchte man Geduld und zwar sehr viel Geduld. Das fing gleich beim Grenzübertritt an. Auf unserer Seite wurde alles fließend abgewickelt, doch bevor es in den Osten weiterging, stand der Zug eine Ewigkeit. Das Warten zermürbte. Endlich fuhr der Zug langsam über die Grenze. Nachdem er anhielt, wurde die Abteiltür aufgezogen, ein DDR-Grenzbeamter trat ein und nahm mit undurchdringlichem Gesicht unsere Pässe entgegen. Ihm folgte eine Grenzbeamtin, die weitere Papiere verlangte. Auf diesen mußten all unsere Mitbringsel angeführt sein, die sie überprüfte. Ich dachte schon, daß sie damit völlig überfordert wäre, so lange dauerte es. Doch dann tippte sie auf die Gepäckstücke im Netz und fragte kurz: „Wem gehören die Sachen?"

Mit gestrecktem Zeigefinger erhoben drei Reisende ihren Arm. Wie in der Schule, schoß es mir durch den Kopf.

„Öffnen!" schnarrte ihre Roboterstimme. Dann fuhren ihre Finger gekonnt zwischen Wäsche und Kleidungsstücke. Sie war offenbar darauf aus, uns ihre Wichtigkeit zu demonstrieren. Im Abteil war es mucksmäuschenstill, keiner sprach ein Wort. Endlich zogen die beiden ab. Ein sichtbares Aufatmen ging durch unsere Reihen. Kurze Zeit später hörten wir aus dem Nachbarabteil ein wüstes Schimpfen und Geschrei.

Eine Frau unter uns kannte sich aus, sie war schon öfters in den Osten gefahren. „Ach, da muß jemand den Zug verlassen, weil er unerlaubte Dinge bei sich führt", sagte sie, „wahrscheinlich Zeitschriften, die sind drüben sehr begehrt."

Wir waren froh, daß wir den Zug in Leipzig verlassen konnten und uns Christa und ihr Mann Christoph bereits hier mit ihrem Wagen abholten – einem nagelneuen Wartburg-Kombi! Wir staunten nicht schlecht, denn wir hatten es bislang noch zu keinem Auto gebracht. Christoph stellte im eigenen Betrieb mit drei bis vier Beschäftigten Polstermöbel her. Das Geschäft ging sehr gut, und um Couchen und Sessel zu transportieren, benötigte er ein Auto. Aber wer eine Couchgarnitur bestellte, mußte viel Geduld aufbringen. Zwischen Bestellung und Lieferung lagen zwei bis drei Jahre Wartezeit. Dafür gab es dann aber besonders gut gearbeitete Möbel, die man in den Geschäften nicht zu kaufen bekam.

Christa und Christoph hatten eine sehr schöne 3-Zimmer-Wohnung und außerdem zwei Dachmansarden, die sie als Gästezimmer hergerichtet hatten. Christa besaß alte, sehr gepflegte Möbel, die zum Teil noch von der Großmutter oder Schwiegermutter stammten. Überall standen Meißner Porzellan, Leuchter, Nippesfiguren, Obstschalen und Service aus Familienbesitz, dazu eine alte Glasvitrine.

Unsere Gastgeber wollten uns viel zeigen. Gleich zu Beginn unternahmen wir eine ganztägige Tour ins Erzgebirge. Christas Vater Ulrich, ein rüstiger 81jähriger liebenswerter Herr, begleitete uns. Sein liebstes Hobby war das Schnitzen. Wunderbare Leuchter, Schalen und Bildwerke zeugten von seiner Kunst. Er gab in diesem Fach auch jetzt noch Unterricht, ebenso Privatstunden in Englisch und Latein.

Wir befuhren eine Höhenstraße, die immer wieder weite Ausblicke in liebliche Täler mit kleinen Dörfern ermöglichte. Und über allem thront der 1214 Meter hohe Fichtelberg. Unser erstes Ziel war Annaberg. Hier hat man im Jahr 1492 Silber entdeckt. Das Städtchen liegt am Pöhlberg, dessen Gipfel erreicht 832 Meter. Wir bummelten die Hauptgeschäftsstraße entlang, die von der St. Annenkirche zu dem viel tiefer gelegenen Marktplatz führt. Sie ist lang und steil.

„Christa", rief ich plötzlich, „sieh mal, hier ist wunderschöne Unterwäsche ausgestellt! Ob wir die kaufen können?"

„Nicht möglich", staunte Christa. „Komm, das will ich

Uli, der Sohn unserer Freunde aus dem Erzgebirge, im damals nagelneuen Wartburg-Kombi.

wissen", und sie zog mich am Ärmel in den Laden hinein. Er war so überfüllt, daß man sich kaum umdrehen konnte. Es gab tatsächlich Unterwäsche und Nachthemden. Und Christa erstand das letzte Kärtchen Gummiband.

„Die Fahrt hat sich gelohnt!" strahlte sie. Es sollte noch besser kommen. Wir schlenderten an einem Hutgeschäft vorbei. Christas Vater war mit suchendem Blick vor der Auslage stehengeblieben und Christa fragte: „Na, hast du eine Baskenmütze entdeckt? Geh doch mal rein fragen!"

„Ach, sowas Dummes", antwortete Ulrich „die haben gerade geschlossen, es ist Mittagspause."

„Dann gehen wir jetzt essen, und die St. Annenkirche wollen wir ja auch noch besichtigen. Bis dahin ist der Laden wieder geöffnet", schlug Christa vor. Zu mir gewandt fügte sie erklärend hinzu: „Vati sucht seit zwei Jahren eine neue Baskenmütze, das heißt, die ganze Familie sucht sie. Wo wir auch hinkommen, egal, in welche Stadt, überall suchen wir nach einer Baskenmütze. Aber es gibt keine. Seine alte ist schon so schäbig, schau sie dir nur mal an!"

„Aber Christa", schimpfte ich, „warum hast du uns das nicht längst einmal geschrieben?"

Christa blieb mitten auf dem kopfsteinbuckeligen Pflaster stehen und brach in lautes Lachen aus: „Schreiben sagst du, schreiben? Du liebe Zeit, wo sollte man anfangen zu schreiben? Nein, nein, das geht nicht, da würde man kein Ende finden ..." Und es gäbe viel wichtigere Dinge als so eine Baskenmütze. Zum Beispiel Glühbirnen. „Wir haben schon seit fast einem halben Jahr in unserem Wohnzimmer eine neue Deckenlampe hängen", fuhr sie fort, „aber wie sie beleuchtet aussieht, wissen wir nicht. Glühbirnen sind nicht aufzutreiben, und wir haben keine einzige mehr in Reserve."

Bei dieser Gelegenheit erfuhren wir, daß die langen Lieferzeiten von Christophs Polsterwaren unter anderem von den verflixten kleinen Ziernägeln ausgelöst wurden, die nirgendwo aufzutreiben waren. Zum Glück konnten wir da später helfen. Christa revanchierte sich und schickte für unsere drei Kinder Schuhe. Aber wo war Ulrich? – Der hatte sich mit ein paar schnellen Schritten von uns entfernt und steuerte drei uns entgegenkommende Passanten an.

„Bitte entschuldigen Sie", sagte er höflich: „Sie tragen eine so schöne Baskenmütze. Ist die neu?"

„Ja", strahlte der Mann, „die habe ich gerade gekauft, hübsch nicht wahr?"

„Und wo?" fragten Ulrich und Christa gleichzeitig. „Hier, in diesem Hutgeschäft?"

„Nein, das hat keine, aber wenn sie hier hinuntergehen, in der nächsten Querstraße links ist noch so ein Laden, der hat welche." – Um es vorwegzunehmen: Ulrich erhielt an diesem Tag endlich eine neue Baskenmütze.

„Seht mal, was ich entdeckt habe!" rief mein Mann, indem er auf ein graues, aufgestocktes Haus zeigte. „Zwar keine Mützen und Unterhosen, aber sehr interessant."

Er führte uns zu einer Tafel, auf der geschrieben stand, daß hier der Dominikaner Johann Tetzel gewohnt hat.

„Die Tätigkeit als Ablaßprediger muß sich gelohnt haben", sagte Ulrich, „seine gewaltige, eisenbeschlagene Truhe werden wir nachher in der St. Annenkirche zu sehen bekommen. Wenn das Geld im Kasten klingt, die Seele aus dem Feuer springt!"

„Ein feiner Glaube war das", meinte ich „wo sich die Reichen von ihren Sünden hier auf Erden loskaufen konnten."

Annaberg hat noch eine Berühmtheit aufzuweisen: den Rechenmeister und Verfasser der ersten deutschen Rechenbücher Adam Ries – so stand es auf dem Gedenkstein, auch wenn es im Volksmund heißt „nach Adam Riese". Er war hier Bergbeamter gewesen und ist 1559 hier gestorben.

Unten, auf dem Hauptplatz, führte uns Ulrich in ein jahrhundertealtes traditionsreiches Gasthaus. Ich staunte wieder, wie gut und preiswert das Essen war: Für 6,50 Mark gab es ein Menü mit reichlich Fleisch, Gemüse, Kartoffeln

In Annaberg-Buchholz im Erzgebirge bewunderten wir die prächtige St. Annenkirche. Fast um die gesamte Kirche zieht sich unterhalb des Deckengewölbes mit lebensgroßen Figuren ein buntes biblisches Bilderbuch. Es umfaßt das Neue und das Alte Testament.

und Suppe. Nur das Eis taugte nichts. Heinz meinte: „Das schmeckt wie VEB-Pappmaché!"

Später erzählte uns Ulrich, daß die St. Annenkirche die prächtigste Kirche des Erzgebirges sei. Von 1499 bis 1519 wurde sie gebaut. An der Rückseite des Alters ist die harte Arbeit der Bergleute dargestellt. Auch hat der Künstler festgehalten, wie es der Legende nach zur Entdeckung des Silbers kam. Wir kamen zu einer Führung zurecht. Die Kirche war vor kurzem restauriert worden, noch immer arbeiteten Restauratoren an den Bildern. Von den 150 Gemälden, so erzählte man uns, würden jährlich vier bis fünf restauriert. Fünfzig strahlten bereits wieder in kräftigen Farben.

Von Annaberg fuhren wir weiter Richtung Fichtelberg.

„Ich werd' verrückt!" schrie Heinz plötzlich los. „Da ist ein Wegweiser nach Cunersdorf!" – „Ja, und?" fragten wir.

„Ich besitze noch Holzspielzeug aus meiner Kindheit. Zu dem Spielzeugdorf gehört auch ein Wegweiser, darauf steht Cunersdorf – und nun sehe ich hier das Original!"

„Dann wird es von hier stammen", sagte Ulrich, „sowas wurde früher hier in kleinen Werkstätten und in Heimarbeit hergestellt."

Wir kamen nach Schwarzenberg, einem romantisch gelegenen Ort mit einem Schloß und steilen Straßen.

„Halt an, halt an!" schrie Christa mit einem Male. „Da ist eine Schlange, da gibt es was zu kaufen!"

Christoph reagierte sofort, hielt an und ließ Christa aussteigen. Wir fanden auch gleich einen kleinen Parkplatz. Als wir zu Christa kamen, standen bereits drei Leute hinter ihr. Vor ihr zählte ich fünfzehn, die geduldig, einer hinter dem anderen, auf der Straße anstanden. Sie warteten vor einem Kunstgewerbeladen, das Geschäft war innen proppevoll.

„Was gibt es denn?" fragte ich Christa.

Sie zuckte die Achseln: „Das weiß ich nicht."

Ich schaute sie fassungslos an. „Aber dann weißt du ja gar nicht, ob sich das Schlangestehen lohnt!"

Christa meinte treuherzig: „Das lohnt immer, denn da gibt es etwas, was es sonst nicht gibt. Ich will dir etwas kaufen."

„Oh, Christa, sei mir nicht böse, das dauert ja Stunden, und es ist doch schade um die schöne Zeit. Ich würde mir viel lieber dieses Städtchen anschauen."

Inzwischen war Ulrich zur Ladentür marschiert und hatte erfahren, daß es Klöppeldecken gab.

„Komm Christa", sagte ich, „Decken habe ich genug, und außerdem bekomme ich bei uns alles zu kaufen, es sei denn, du willst etwas für dich holen."

„Auf keinen Fall", beteuerte Christa, „ich mache auch viel lieber einen Bummel. Aber wir sind es nicht anders gewohnt, bei einer Schlange muß man sich unbedingt anstellen. Da fällt mir gerade ein: Könnt ihr morgen früh mal alleine frühstücken? Wir haben gehört, morgen werden im Zwickauer

Kaufhaus Teppiche verkauft! Christoph und ich wollen uns ganz früh anstellen, vielleicht haben wir ja Glück."

Gegen Mittag kehrten sie zurück. Nein, sie hatten kein Glück. Es hatten so schrecklich viele Menschen angestanden, schon kurz nach 10 Uhr waren alle Teppiche verkauft.

„Christa", sagte ich, „ich bewundere euch. Ihr seid mitten in der Nacht aufgestanden, habt stundenlang in der Schlange gestanden, dann waren die Teppiche ausverkauft. Trotzdem strahlt ihr übers ganze Gesicht ..."

„Ja", rief Christa, „das hat seinen Grund: Im Kaufhausfunk wurde angesagt, daß die Teppiche ausverkauft seien, aber eine Etage tiefer gäbe es Paddelboote zu kaufen. Du glaubst nicht, wie schnell Christoph zur Treppe stürzte und nach unten lief! Und diesmal war das Glück uns hold. Wir haben ein Boot bekommen! Am Sonntag fahren wir mit euch an einen See zum Baden, da wird das Boot eingeweiht."

Nachdem wir das Faltboot zusammengebaut hatten, starteten Christoph, Uli und unser kleiner Günther zur Probefahrt.

Nach diesem Urlaub war das Eis gebrochen, schon im nächsten Jahr besuchten wir endlich unsere Verwandten in Thüringen.

Aus: „Mauer-Passagen", Reihe ZEITGUT, Band 19.

Weitere Informationen unter **www.zeitgut.de**

Verfasser

Berg, Falko (Pseudonym) *S. 142*
geb. 1939 in Kassel, verstorben 2006,
lebte zuletzt in Bonn, Nordrhein-Westfalen.
Beruf/Tätigkeiten: Soldat, Dozent für politische Erwachsenenbildung und
Diplomat.
Bisherige Zeitgut-Veröffentlichungen in Band 1, 2, 7, 14, 17 und 19.

Cammann, Claus *S. 50, 84*
geb. 1932 in Schwerin, lebt in Einbeck, Niedersachsen.
Beruf/Tätigkeiten: Diplomkaufmann, Prokurist und Verwaltungsleiter
(Finanzen, Personal), jetzt pensioniert, Amateurschriftsteller.
Bisherige Zeitgut-Veröffentlichungen in Band 2, 4 und 10.

Eilers, Jan *S. 29*
geb. 1920 in Oldenburg i.O., verstorben 2006,
lebte zuletzt in Wardenburg, Niedersachsen.
Beruf/Tätigkeiten: Fernseh-Techniker.
Bisherige Zeitgut-Veröffentlichungen in Band 3, 4, 11, 16, 19 und in
„Gegessen wird immer".

Engels, Hans *S. 113, 160*
geb. 1942 in Köln, lebt in Kürten, Nordrhein-Westfalen.
Beruf/Tätigkeiten: Ausbildung als Elektriker; Studium der Pädagogik;
seit 1966 Lehrer, Buchautor.
Bisherige Zeitgut-Veröffentlichungen in 1, 2, 6, 14, 17, 23, „Unvergessene
Weihnachten. Band 3 und 6" und „Wo morgens der Hahn kräht. Band 1
und Band 2"

Eschner, Gerhard   *S. 87*
geb. 1939 in Arnstadt, lebt in Seligenthal, Thüringen.
Beruf/Tätigkeiten: Diplomphysiker, Strahlenschutzphysiker für Kernkraft-
werke, im Ruhestand.
Bisherige Zeitgut-Veröffentlichungen in Band 14.

Geismann, Hermann-Josef   *S. 68*
geb. 1930 in Hemer, lebt in Hemer, Nordrhein-Westfalen.
Beruf/Tätigkeiten: Architekt, Dipl. Ingenieur.
Bisherige Zeitgut-Veröffentlichungen in Band 4.

Grünberg, Alfredo   *S. 91*
geb. 1926 in Leipzig, Sachsen, lebt in Kassel, Hessen.
Beruf/Tätigkeiten: Postangestellter, Lehrer, Transportarbeiter, Sachbear-
beiter zur Vorbereitung von Buchmessen / im Westen: CID-Investigator,
Kriminaltechnischer Angestellter, im Ruhestand.
Bisherige Zeitgut-Veröffentlichungen in Band 8, 18 und 24.

Haak, Lieselotte   *S. 13*
geb. 1918 in Berlin, verstorben 2000,
lebte zuletzt in Kreiensen, Niedersachsen.
Beruf/Tätigkeiten: staatl. geprüfte Kindergärtnerin und Hortnerin, Vor-
schullehrerin. Bisherige Zeitgut-Veröffentlichungen in Band 3, 15 und 16.

Hagenmeyer, Dr. phil. Jürgen   *S. 121, 140*
geb. 1939 in Hameln, lebt in Hamburg.
Beruf/Tätigkeiten: bis 1993 Bankkaufmann, Sozial- und Wirtschafts-
historiker, wissenschaftlicher Mitarbeiter an „Haus Rissen", Internatio-
nales Institut für Politik und Wirtschaft Hamburg.
Bisherige Zeitgut-Veröffentlichungen in Band 6, 14, 17, 19 und in „Unvergessene Weihnachten. Band 4".

Hardeland, Gretel, geb. Reinicke   *S. 125*
geb. 1929 in Finsterwalde, Niederlausitz,
lebt in Schneverdingen, Niedersachsen.
Beruf/Tätigkeiten: bis 1957 Justizinspektorin, bis 1973 Fremdsprachen-
korrespondentin, Beamtin (1974 bis 1991), Pensionärin.
Bisherige Zeitgut-Veröffentlichungen: in Band 4, 5, 10, 11, 12, 18 und 21.

Klüß, Hiltrud, geb. Preuß *S. 130*
geb. 1930 in Hamburg, lebt in Tornesch, Schleswig-Holstein.
Beruf/Tätigkeiten: Gewerbeoberlehrerin, Psychotherapeutin, im Ruhestand. Bisherige Zeitgut-Veröffentlichungen in Band 10, 13, 18 und in „Unvergessene Weihnachten. Band 7".

Linke, Margot, geb. Scholz *S. 24*
geb. 1924 in Maltsch/Oder, verstorben 2005,
lebte zuletzt in Kirchheim/Teck, Baden-Württemberg.
Beruf/Tätigkeiten: Kindergärtnerin.
Bisherige Veröffentlichungen: Beiträge in ZEITGUT Band 3, 9, 12, 13, 15.

Lauenstein, Dr. Reinhard *S. 38*
geb. 1924 in Rostock, lebt in Stadtoldendorf, Niedersachsen.
Beruf/Tätigkeiten: Arzt für Allgemeinmedizin und Geburtshilfe, im Ruhestand.
Bisherige Zeitgut-Veröffentlichungen in Band 5, 9, 11, 13, 19 und 23.

Ludorf, Marianne, geb Dreyer *S. 164*
geb. 1931 in Oberhausen, verstorben 2007,
lebte zuletzt in Erkrath, Nordrhein-Westfalen. Beruf/Tätigkeiten: Hausfrau. Bisherige Zeitgut-Veröffentlichungen in Band 5, 18 und 23.

Meier-Limberg, Ursula, geb. Limberg *S. 46*
geb. 1924 in Prenzlau, Uckermark, lebt in Herford, Nordrhein-Westfalen.
Beruf/Tätigkeiten: Hausfrau.
Bisherige Zeitgut-Veröffentlichungen in Band 4, 8, 9, 15 und 21.

Misch, Paul Gerhard *S. 107*
geb. 1927 in Groß Margsdorf, Kreis Kreuzburg, Oberschlesien,
lebt in Ingolstadt, Bayern.
Beruf/Tätigkeiten: mittlerer Beamter bei der Eisenbahn, kaufmännischer Angestellter in der Automobilindustrie für Bahn-Spedition, im Ruhestand.
Bisherige Zeitgut-Veröffentlichungen in Band 10, 15, 18, 19, 20 und 22.

Müller-Exo, Ingeborg, geb. Exo *S. 19*
geb. 1919 in Rotterdam, verstorben 2004,
lebte zuletzt in Recklinghausen, Nordrhein-Westfalen.

Beruf/Tätigkeiten: Hausfrau, Freizeit-Malerin.
Bisherige Zeitgut-Veröffentlichungen in Band 15.

Notz, Irmgard *S. 104*
geb. 1929 in Berlin, lebt in Berlin.
Beruf/Tätigkeiten: Lehrerin, Dipl.-Psychologin,
Schulpsychologiedirektorin, im Ruhestand.
Bisherige Zeitgut-Veröffentlichungen in Band 11, 18 und 20.

Rabe, Edith, geb. Haberland *S. 168*
geb. 1938 in Berlin, lebt in Vetschau, Brandenburg.
Beruf/Tätigkeiten: Großhandelskauffrau, Unterstufenlehrerin, im Ruhestand.
Bisherige Zeitgut-Veröffentlichungen in Band 11 und 14.

Rehbein, Marie Gertrude *S. 75*
geb. 1920 in Remscheid,
lebt in Remscheid, Nordrhein-Westfalen.
Beruf/Tätigkeiten: Geschäftsführerin in einem Industrie-Unternehmen,
im Ruhestand.
Bisherige Zeitgut-Veröffentlichung in Band 21.

Rüth, Luise, geb. Hochgürtel *S. 98*
geb. 1942 in Bonn, lebt in Erftstadt-Köttingen, Nordrhein-Westfalen.
Beruf/Tätigkeiten: Kauffrau und Landwirtin.
Bisherige Zeitgut-Veröffentlichungen in Band 1 und 2, in „Unvergessene Weihnachten. Band 5" und in „Gegessen wird immer".

Schoon, Gisela, geb. Wendt *S. 63*
geb. 1926 in Konikow, Kreis Köslin, Pommern,
lebt in Wiesmoor, Ostfriesland, Niedersachsen.
Beruf/Tätigkeiten: Lehrerin, Konrektorin am Schulzentrum Wiesmoor,
im Ruhestand.
Bisherige Zeitgut-Veröffentlichungen in Band 4, 5, 13 und 15.

Schröter, Heinrich *S. 36*
geb. 1917 in Hütte, Kreis Elbing, Ostpreußen, heute Huta,
lebt in Wiesbaden, Hessen.

Beruf/Tätigkeiten: Journalist und Schriftsteller.
Bisherige Zeitgut-Veröffentlichungen in Band 8, 9, 16 und 23.

Siegmund, Traute, geb. Gansinger *S. 172*
geb. 1924 in Hamburg, verstorben 2006,
lebte zuletzt in Wietzendorf, Niedersachsen.
Beruf/Tätigkeiten: Mitarbeit im zahntechnischen Labor ihres Mannes.
Bisherige Zeitgut-Veröffentlichungen in Band 8, 9, 11, 13, 15, 19 und 21
sowie in „Unvergessene Weihnachten. Band 2".

Stühmer, Dr. Helmar *S. 59*
geb. 1931 in Reinharz, Kreis Wittenberg,
lebt in Bad Schmiedeberg, Sachsen-Anhalt.
Beruf/Tätigkeiten: Lehrer, im Ruhestand.

Tappe, Erika, geb. Wyneken *S. 154*
geb. 1939 in Essen, lebt in Berlin.
Beruf/Tätigkeiten: Arzthelferin, Schauspiel- und Synchronarbeit,
Drehbuchassistenz, im Ruhestand, Malerin.
Bisherige Zeitgut-Veröffentlichungen in Band 7, 14 und 17.

Vogt, Dr. Hans-Heinrich *S. 66, 80*
geb. 1927 in Schmolz bei Breslau, Schlesien, verstorben 2006
lebt in Alzenau, Bayern.
Beruf/Tätigkeiten: Oberstudiendirektor, im Ruhestand; naturwissenschaft-
licher Fachschriftsteller (Biologie, Chemie, Geographie).
Bisherige Zeitgut-Veröffentlichungen in Band 8, 10, 13 und 21.

Werneken, Ingeborg, geb. Schmidt *S. 150*
geb. 1921 in Frankenberg/Eder, verstorben 2011,
lebte zuletzt in Bad Krozingen, Baden-Württemberg.
Beruf/Tätigkeiten: Im Krieg Sekretärin im Landratsamt Frankenberg/Eder,
Anlaufstelle für Flüchtlinge und Ausgebombte, danach Sachbearbeiterin
(14 Jahre im Presse- und Sozialamt der Evangelischen Kirche, Oldenburg).
Bisherige Zeitgut-Veröffentlichungen in Band 8, 9, 18, 22 und 26.

Stöckchen-Hiebe.
Kindheit in Deutschland 1914–1933
52 Geschichten und Berichte von Zeitzeugen
352 Seiten mit vielen Abbildungen,
Ortsregister, gebunden.
Band 3
ISBN 978-3-933336-02-6, EUR 12,90

Pimpfe, Mädels & andere Kinder.
Kindheit in Deutschland 1933–1939
56 Geschichten und Berichte von Zeitzeugen
322 Seiten mit vielen Abbildungen,
Ortsregister, Chronologie. Band 4
Taschenbuch-Ausgabe
ISBN 978-3-86614-112-4, EUR 9,90

Heil Hitler, Herr Lehrer!
Kindheit in Deutschland 1933–1939
50 Geschichten und Berichte von Zeitzeugen
360 Seiten mit vielen Abbildungen,
Ortsregister, Chronologie, gebunden.
Band 13
ISBN 978-3-933336-12-5, EUR 12,90

Gebrannte Kinder.
Kindheit in Deutschland 1939–1945
61 Geschichten und Berichte von Zeitzeugen
384 Seiten mit vielen Abbildungen,
Ortsregister, Chronologie. Band 1
Taschenbuch-Ausgabe
ISBN 978-3-86614-110-0, EUR 9,90

Aus dem Programm.   Alle Bücher finden Sie unter www.zeitgut.de

Täglich Krieg.
Deutschland 1939–1945
41 Geschichten und Berichte von Zeitzeugen
362 Seiten mit vielen Abbildungen,
Ortsregister, Chronologie, gebunden.
Band 9
ISBN 978-3-933336-34-7, EUR 12,90

Wir sollten Helden sein.
Jugend in Deutschland 1939–1945
38 Geschichten und Berichte von Zeitzeugen
384 Seiten mit vielen Abbildungen,
Ortsregister, Chronologie. Band 12
Taschenbuch-Ausgabe
ISBN 978-3-86614-176-6, EUR 10,90

Wir wollten leben.
Jugend in Deutschland 1939–1945
40 Geschichten und Berichte von Zeitzeugen
384 Seiten mit vielen Abbildungen,
Ortsregister, Taschenbuch. Band 5
Taschenbuch-Ausgabe
ISBN 978-3-86614-116-2, EUR 12,90

Frauen an der Heimatfront. 1939–1945
36 Geschichten und Berichte von Zeitzeugen
320 Seiten mit vielen Abbildungen,
Ortsregister, Chronologie. Band 26
Gebunden: 978-3-86614-206-0, EUR 13,90
Taschenbuch: 978-3-86614-208-4, EUR 10,90

Aus dem Programm. Alle Bücher finden Sie unter www.zeitgut.de

Nachkriegs-Kinder.
Kindheit in Deutschland 1945–1950
67 Geschichten und Berichte von Zeitzeugen
448 Seiten mit vielen Abbildungen,
4. erweiterte Auflage,
Ortsregister, Chronologie. Band 2
Taschenbuch-Ausgabe
ISBN 978-3-86614-111-7, EUR 11,90

Lebertran und Chewing Gum,
Kindheit in Deutschland 1945–1950
55 Geschichten und Berichte von Zeitzeugen
368 Seiten mit vielen Abbildungen,
Ortsregister, Chronologie. Band 14
Gebunden: 978-3-933336-23-1, EUR 14,90
Taschenbuch: 978-3-86614-201-5, EUR 11,90

Schlüssel-Kinder.
Kindheit in Deutschland 1950–1960
46 Geschichten von Zeitzeugen
336 Seiten mit vielen Abbildungen,
Ortsregister, Chronologie. Band 6
Taschenbuch-Ausgabe
ISBN 978-3-86614-156-8, EUR 9,90

Halbstark und tüchtig.
Jugend in Deutschland 1950–1960
48 Geschichten und Berichte von Zeitzeugen
320 Seiten mit vielen Abbildungen,
Ortsregister, Chronologie. Band 17
Gebunden: 978-3-933336-17-0, EUR 12,90
Taschenbuch: 978-3-86614-114-8, EUR 9,90

Aus dem Programm.   Alle Bücher finden Sie unter www.zeitgut.de

Schicksalstage. 1945
Kriegsende in Deutschland

41 Geschichten und Berichte von Zeitzeugen
320 Seiten mit vielen Abbildungen,
Ortsregister, Chronologie. Band 23
Taschenbuch-Ausgabe
ISBN 978-3-86614-172-8, EUR 9,90

Also packten wir es an.
West-Deutschland 1945–1947

43 Geschichten und Berichte von Zeitzeugen
384 Seiten mit vielen Abbildungen,
Ortsregister, Chronologie. Band 21
gebunden, ISBN 978-3-86614-121-6
EUR 12,90

Morgen wird alles besser.
West-Deutschland 1947–1953

39 Geschichten und Berichte von Zeitzeugen
352 Seiten mit vielen Abbildungen,
Ortsregister, Chronologie. Band 22
gebunden, ISBN 978-3-86614-143-8
EUR 12,90

Deutschland - Wunderland.
Erinnerungen 1950–1960

44 Geschichten von Zeitzeugen
368 Seiten mit vielen Abbildungen,
Ortsregister, Band 18
Gebunden: 978-3-933336-18-7, EUR 12,90
Taschenbuch: 978-3-86614-115-5, EUR 9,90

Aus dem Programm. Alle Bücher finden Sie unter www.zeitgut.de

Zeitzeugen-Erinnerungen gesucht

ZEITGUT ist eine zeitgeschichtliche Buchreihe besonderer Prägung. Jeder Band beleuchtet einen markanten Zeitraum des 20. Jahrhunderts in Deutschland aus der persönlichen Sicht von etwa 35 bis 40 Zeitzeugen. ZEITGUT ergänzt die klassische Geschichtsschreibung durch Momentaufnahmen aus dem Leben der betroffenen Menschen.

Die Reihe ist als lebendiges und wachsendes Projekt angelegt. Herausgeber und Verlag wählen die Beiträge unabhängig und überparteilich aus. Die Manuskripte werden sensibel bearbeitet, ohne den Schreibstil der Verfasser zu verändern. Die Reihe wird fortgesetzt und thematisch erweitert.

Sammlung der Zeitzeugen

Die **Sammlung der Zeitzeugen** faßt autobiografische Einzelbücher zusammen, die ebenfalls das Leben in Deutschland im 20. Jahrhundert beschreiben. Die Bände ermöglichen einen tieferen Einblick in das Schicksal der Verfasser und gestatten es, deren Leben über längere Strecken zu verfolgen.

Manuskript-Einsendungen sind jederzeit erwünscht.

www.zeitgut.de

Zeitgut Verlag GmbH
Klausenpaß 14, D-12107 Berlin
Tel. 030 - 70 20 93 0
Fax 030 - 70 20 93 22
E-Mail: info@zeitgut.de